感動はつくれる、人は動かせる

プロデュースの力

空間プロデューサー
津田憲一
公立大学法人首都大学東京
産業技術大学院大学・客員教授

はじめに

情報伝達に関して万能と思われてきたインターネットも、現在、ある種の限界が言われている。そのような状況のなか、イベントや集客の「場」における「生の人間」への情報伝達の価値がますます重要視されている。

私はこれまで国内外で、「イベントや空間開発」の多くの仕事に関わり、「場」に人を集め、情報を提供し、理解をしていただく工夫や仕掛けを行なってきた。この仕事をしながら思うことは、私たちの周りで発生する毎日のできごとや仕事は、「プロデューサー感覚」で考え、行動すれば、効率的でしかも高い価値を創造することができるということである。たとえば、自分にとって「大切な人」と食事をする場合を当てはめてみよう。予算、店の選別、お迎えの仕方、話題の題材、雰囲気づくり、サプライズ、土産、お見送りの仕方など、あらゆることに気を配り、事前に準備し、想定し、用意周到に実行すれば、単なる食事会が、間違いなく何十倍もの価値の高い食事会になる。そして、「大切な人」に満足感、充実感を提供し、素敵で鮮明な余韻やイメージを記憶として残していただける。それでこそ、そのような「場」でイベントを仕掛けた意味があり価値も高くなる。よいコミュニケーションも信頼も生まれ、無駄や失敗も少なくなる。当たり前のことと思われるかもしれないが、これが「プロデューサー感覚」なのである。

私たちは、興味があること、与えられたことには容易に深く入り込みやすい。そのため、自分では気づかないうちに周辺が見えなくなる。また、方向性を見失う。だが、「プロデューサー感覚」は、常に一歩引いて、高い視点、大きな視野で全体を見渡す感覚である。大事なことを見誤っていないか、将来に対してズレがないかを判断し、道をはずさない感覚でもある。会社の経営、営業、企画、制作現場など、また、イベントや街づくり、店舗経営、事業開発、地域活動から私たちの毎日の生活に至るまで、すべてにおいて、今の競争社会を生き抜くのに欠かせない重要な感覚であり能力なのである。

毎日、各地で多くのイベントが開催されている。それは主催者側、事業者側がイベントの価値を認め、期待しているからである。

イベントは、来場したお客さまに、ライブで「感動を与える」ことができる可能性をもつ装置であり、主催者側のメッセージをうまく織り込み伝えることができる有効な「スペースメディア」である。

人の心を動かし、感動にまで到達することは容易ではないが、「感動が生まれた時」、イベントの価値は、計り知れなく大きくなるし、メッセージも伝わる。

イベントプロデューサーとして、私が経験したさまざまな考えや思いをまとめてみた。本書が、これから「プロデュース感覚」を磨く人たちのため、そしてコミュニケーションの重要性の再発見のために、ヒントになれば幸いである。

目次

第Ⅱ章　スペースメディアとは
——空間がもつメディア性をどう活かすのか

第Ⅲ章　イベントプロデューサーという仕事

コラム

感動はつくれる、人は動かせる

プロデュースの力

装幀・福澤郁文
デザインＤＴＰ・髙田真貴

第 I 章

イベントとは感動を共有する「場」である

私たちの周囲は毎日がイベント

イベントの定義についてまとめてみよう。イベントは一般的には「催し物」そして「できごと」の意味として使われている。何万人、何十万人集めるイベントから数十人、数人から1人を対象にしたイベントもある。

この本では、対象者すなわち狙いをつけたイベント参加予定者に参加していただき、企画どおり満足していただく種類の「イベント」を取り上げた。そして、そのイベントをどう集客し、どう盛りあげる、どう楽しく、どう満足し喜んでいただくか、そのためにはどうしたらいいかというプランを仕上げ、実行していくプロセスをこの本のテーマとした。

一生懸命、丹念につくりあげたイベントを成功させたという経験は、人生のあらゆる面で役に立つ。こうした経験をもつ幹事は、きっと、会社でもうまいプレゼンテーションを行い、仕事もできる人に違いない。身近なイベントづくりの例を示しておこう。

●デートもプランニング次第で成功する

ある日、あなたにある女性と大事なデートをするチャンスがめぐってきたとする。これはまさにイベントである。デートを成功させるにはどうしたらいいか。まず大事なことはデートの目的をはっきりさせることである。たいていはそこまで考えない。たまたま会う約束をし、そして会うだけで終わってしまう。そんなやり方ではデートの結果は見えている。このデートを勝負と思っているのであれば、それに応じたプランが必要である。

彼女が好む場所、雰囲気、好きな食べ物、プレゼント、会話など、それらを事前に準備しなければならない。もてると言われる人はやはりこのへんにぬかりがないし、手間をかける。これがプランニングである。

だが、実際のデートは予定どおりにいくとは限らない。というよりハプニングだらけである。急にキャンセルになったり、会話の途中で彼女が急に機嫌が悪くなったり、ライブならではのできごとが発生する。なかなかプランニングどおりには進まない。

この場合、どうしたらいいか。相手は鋭敏な感性をもつ女性である。その鋭敏な感性の反応をつかみ、柔軟に予定を変更することが重要な対応能力となってくるのである。

デートが成功した後のフォローも大事である。余韻が残っている間にフォローをし、反省すべきは反省し、次の準備に入る。このような手間をかけてこそ、相手が自分に目を向けてくれるし、好意を抱いてくれることにもなり、目的に向け、解決の一段階をステップアップすることになる。

イベントは綿密なプランニングがあってこそ成功する。社会生活はすべてが大なり小なりイベントの連続である。だから、今述べた原理で行動していれば失敗は少ない。また失敗しても次のチャンスにはそれを解消できる。行き当たりばったりが、いちばん下手な生き方なのである。

●記念日づくりとプレゼント戦略

バレンタインは西暦3世紀のローマ人の名前である。殉教者であったバレンタインに起こった2月14日のあるできごとを記念し、恋人たちが贈り物やカードを交換し合ったことが始まりと言われている。女性が男性にチョコレートを贈るのは日本だけの習慣である。他の国では友だちや恋人、家族などがお互いにカードや、お菓子などを交換し合う。

1958年、東京都内のデパートで、あるチョコレートメーカーのバレンタイン・セール「愛のチョコレート・プレゼントキャンペーン」が展開された。クリスマスと同様、キリスト教のできごとを、商魂たくましいメーカーが贈りものイベントとして位置づけたのである。

これに対応するホワイト・デーは日本独自のイベントである。消費チャンスを狙っている業者がバレンタイン・デーのチョコレートのプレゼントを黙って見過ごすはずはない。男性からのプレゼントのお返しに目をつけ、1980年3月14日、全国飴菓子工業協同組合が第1回ホワイト・デーを開催した。お返しの日程としては、バレンタイン・デーの1ヵ月後でちょうどよいころである。これもみごとに成功した。

なぜ、こんなことを言うのかというと、「仕掛け」が人の心を動かすということを知ってほしいからである。それに、記念日をどうビジネスに結びつけるかを考えた「仕掛け人=プロデューサー」の視点も知ってほしいからである。私たちの周囲には、国の経済が活性化するほどの仕掛けが、まだまだ潜んでいるのである。

記念日は意図的に創造することもできる。そして、その記念日はイベントとして無限の可能性を秘めている。母の日のカーネーションしかりである。記念日はビジネスにとって宝の山と言えるのである。

●パーティーという名のイベント

最近は人が集まる会合をパーティーという言葉で片づける。しかし、パーティーは有料か、無料かによって違う。無料で招待された場合、内容には満足しなくても、お客さまはそれなりに納得する。だが、有料パーティーに対する評価は、当然、厳しくなるが、残念ながら、大半は食事ができたから我慢するかという程度のイベントが多い。

パーティーは不特定多数の人が自分の意思で集まる一般のイベントと違い、ある「事柄」や「人」を中心にその関係者を特定して集まる会である。

お誕生会から送別会、数万円払う代議士先生の資金集めパーティーまでさまざまであるが、それぞれに開催目的、狙いがある。せいぜい2時間ほどの時間内で大事なことは、参加してよかったと思えるパーティを催すことが主催者の役割である。

イベントの基本は四つのHと八つの要素

4Hとは①HUMAN（人間らしい）、②HUMOR（滑稽さ）、③HEART（気持ち）、④HONEST（率直な）の頭文字の四つのHを言う。イベントの世界で最も重要な要素である。企画時に、この4Hが満足できるものになっているかどうかが、イベントの成否を占うチェックポイントになる。

4Hの内容は以下のとおりである。

①「HUMAN」（人間らしさ、ホッとする安らぎ）

人間らしい温かさが感じられるかどうかである。イベントの規模には関係がない。いいイベントは参加後すがすがしい余韻が残る。この感覚を出せるかどうかで、企画マンのセンスが問われる。

②「HUMOR」（滑稽さ）

お客さまが我を忘れてイベントの世界に引きずり込まれてしまう要素を言う。楽しさで顔がほころび、気持ちが浮き浮きしてくる感覚をつくり出せれば成功である。

③「HEART」（心からの喜び）

お客さまの心に訴え、考える素材を提供すること。ともに喜び、時にはうち震える感動を得ることができ、いつまでも心に残るもの。

④「ＨＯＮＥＳＴ」（率直さ）
お客さまに堂々と正面から立ち向かい、納得、理解していただくこと。これがイベントの究極の本質である。ごまかしではすぐメッキが剥げる。人と人の勝負に、お客さまは共感する。

以上の四つのＨの重要さはイベントに限らない。社会生活でも同じである。人に納得、理解、賛同、感動していただくには、この要素のうちのどれが欠けても満足のいく結果にはつながらない。

イベントにはさまざまな種類や形態がある。そして、すべてのイベントに含まれる重要な八つの要素として６Ｗ２Ｈがある。このうちの一つでも抜けたり、もしくは不明確であれば、四つのＨと同様、成功はおぼつかない。６Ｗ２Ｈについて触れておく。

①ＷＨＯ（誰が）
「主催者・団体組織など主体になる組織、出展者のこと」
②ＷＨＹ（なぜ）
「開催の理由・意義・目的・趣旨など。何のためにやるか」
③ＷＨＡＴ（何を）
「テーマ・コンセプトは何か。訴求内容は何か。何をするか」

④ＷＨＥＮ（いつ）

「開催時期・期間・時間」

⑤ＷＨＥＲＥ（どこで）

「開催場所など」

⑥ＷＨＯＭ（誰に）

「誰に対して行なうか」

⑦ＨＯＷ（どのように）

「開催までのスケジュール、準備作業、開催中の演出、運営、ＰＲ、動員、そして何をもって成功とするかの評価基準づくり」

⑧ＨＯＷ ＭＵＣＨ（いくらで）

「予算計画・事業計画予算配分・収支計画など」

とくに②のＷＨＹ（なぜ）の項目は重要である。イベントは開催までの準備期間の企画作業、開催中のドタバタで「なぜ」が希薄になりやすい。常に「なぜ」「何のために」を意識し、繰り返し確認して準備を進めていかなくてはならない。

さまざまなイベントを見ると、この八つの要素の大切さがよくわかる。大イベントのオリンピック、国体などはもちろん、身近な自治会の夏祭りでもこの要素がきちっと入っている。そして、定例化された国体クラスのイベントも「ＷＨＹ」（何のために）「ＨＯＷ」（どのように）は時代とともに柔軟に変わってくる。裏を返せば、この八つの要素のうち一つでも抜け、不適格なものであれば、イベントの価値が低くなり、意味がなくなるということである。

全体は大胆に、細かい部分は慎重に

戦略も戦術もイベント企画ではよく使う言葉である。両者の意味の違いをきちんと確認しておいて欲しい。まず「戦略」だが、これはイベントプランにおける概念レベルのことである。全体的な目的、目標、方針などのことを言う。そして、その目標や方針にしたがった具体的な実施プランを「戦術」と言うのである。

たとえば、戦略レベルのプランを話し合う企画会議をしているとしよう。ところがいつしか戦術レベルの話に入り込んでしまう場合が多々ある。これでは混乱するばかりである。決してよいことではない。その理由ははっきりしている。戦略レベルが不明確なまま進んでいるからである。そのような状態で戦術レベルの話に入っても、戦略が変更になれば、それまで話し合ってきた戦術は無駄になってしまう。

物事を決定するには戦略（全体的な方針）から戦術（詳細な部分）にと、段階的に考え方を進めていくことが重要である。だが、企画担当のベテランでさえ、つい熱中すると、戦略と戦術をごちゃまぜにして話してしまうことがある。会議のリーダーは常に会議のレベルをブレがないように監視し修正する必要がある。

大切な基本なのでもう一度、戦略と戦術の意味を確認しておく。

●戦略とは――

あるイベントが一つの統一的な方向に向かっていくための基本となる構想や考え方を言う。チーム全員が団結して行くための確固たる方向である。具体的には、開催目的の確認、目的達成のための目標、方針、コンセプトなどを決定し、関係者にコンセンサスを得る作業を言う。たとえば、新商品をPRするイベントを企画する場合、イベントの目的を明確にし 商品を誰に、いつ、どこで、いくらの予算でやるかなどである。これを戦略と言う。戦略が不明確のままだと、チームはバラバラになる。モチベーションも下がるし混乱を招く。せっかくの戦術も単なるアイデアの羅列になってしまう。

●戦術とは――

戦略をどのような方法、手段で進めていくか？　その具体的な施策を戦術と言う。そして、その施策は、きめ細かなスケジュール、プラン、手法によって構築していかなければならない。たとえば具体的な予算配分、スタッフの役割、天候が悪い時は、事故の際の対応策は、まで詳細に煮詰める。

戦略は大胆に、戦術は慎重に――これが企画する際のモットーである。この戦略、戦術の立案プロセスは、人生設計や社会生活にもつながると言っても過言ではない。

感動とは「生きている価値」である

感動を辞書で引いてみる。「深く感じて心を動かすこと。―名画に感動する―、―感動を覚える―」など、と書かれている。感銘も引いてみる。「心に刻みつけて忘れないこと。また忘れないほど深く感動すること。―感銘を受ける―」とある。ともに心に強烈なよい印象と余韻を受けるという意味では同じである。

人は感動したとき、ひたすら感心し、声もなく、謙虚になる。子どものころから鮮明に覚えている「よい記憶」を思い返してみると、やはりそんな気持ちだったと思う。日常生活のなかにも感動は存在するが、その感動は、予想もしないできごとから生まれることが多い。

当然ながら、感動を仕掛けることは容易にできるものではない。つくろうとすると、とかく見え透いてしまう。生活者はそれほど鈍感ではない。予期せぬドラマやハプニングが生まれてこそ感動が生まれる。旅先で、期待以上の広大な風景、建築物、またお祭りなどに出会った時などがそうである。

そして、ここがむずかしいところだが、感動の価値基準は人それぞれ違う。私自身の体験で言えば、自分はこんなに感動しているのに、隣りの友人の興味のなさそうな様子に出会って、一人ひとりの感動の価値観が違うことを痛感させられた思い出がある。

特定の人に対し、ある集団（スポーツチームなど）に対し、自然や物に対し、また演劇や映画を鑑賞し、そして本を読んで感動を得るなど、感動にはさまざまな状況や環境がある。唖然として声も出ない、心が打ち震える、涙が出て止まらない、体ががたがた震えるなど、それぞれ感動の受け方の違いもある。人生において感動することはそんなに頻繁に起こるものではない。感動は神が、人間に対してのみ与えてくれたご褒美なのである。

私は、「たくさんの感動を体験すること＝人間が生きている価値」と考えている。そして、この世で「生」を受けてから死ぬまでの間、「何」がいちばんの価値だろうかと考えた時、それは人によって違う。仕事、趣味、旅行と答える人も多いだろう。だが、私は即座に「たくさんの感動体験」と答える。「感動体験」が、どれほど多く、心の襞（ひだ）に刻み込まれたかが、生きてきた価値と考えているからである。

私はこれまで、たくさんの場面で、環境で、数え切れないほどの感動を体験した。想像を絶するきれいな風景にも出会った。ほめられもした。優勝もした。おいしいものも食べた。欲しいと思っていたものも手に入れたなど、たくさんある。この時に得た体験はほかのどのような高価な品物より貴重な宝物である。しみじみと生きてきた喜びを感じる。

そうしたたくさんの感動と喜びを、私は、今後もプロデューサーの仕事を通じて多くの人々に提供し、そして共有したいと考えている。その感動が一生の思い出になり、「生きてきた価値」になっていただけることを目指して、これからも仕事に取り組んでいきたいと考えている。

感動は人間ウォッチングから生まれる

感動は予期せぬ時に起きる場合が多い。たとえば思いがけず素敵な愛の告白をされた時やプレゼントをもらった時、映画やお芝居の一シーン、そして、すばらしい自然を見た時などにも、しばし心が打ち震えるような感動を感じることがある。

スポーツはとくに予期せぬドラマが出現する場合が多い。過去のスポーツイベントなどで脳裏に焼きついた感動シーンは誰もがもっている。

たとえば、オリンピックで日本人が金メダルを獲得するシーンは言うまでもない。最近では、2006年3月のWBC（ワールド・ベースボール・クラシック）があげられる。最初は低調なスタートだったが、最後には王監督率いる日本チームが優勝する姿をテレビで目の当たりにすることができた日本国民は、全員が感動の渦に巻き込まれた。あまり野球を知らない人までがその感動の流れに入った。

2009年3月のWBCはさらに記憶に新しい。前回以上に劇的なシーンがたくさん繰り広げられた。決勝では、イチローのバットで絵に描いたようなクライマックスを迎え、日本が優勝した。これほどの極上のドラマはなかった。全国民が感動した。優勝のその瞬間、テレビの前の全員が満面の笑みを浮かべて拍手した。私も街中のテレビで観戦していたが、普段は絶対に笑顔も拍手もしそうもないおじさんたちまでが笑顔で拍手していた。こんな幸せな光景は日本人にとって実に久し振りのことだった。感動をストレートに受け止め、今まで野球に興味のなかった人たちもファンになったはずである。2005年に開催された愛地球博の終了時でも、あちこちで感動のシーンが見られた。謙虚に博覧会のよさを感じていただいた瞬間だった。

感動は問答無用で心に入ってくる。問答無用で心に入ってくるから感動する。人々はそれを素直に受け止める。生きていてよかったと思う時である。だから感動はすごい。

感動は、五感（視、聴、嗅、味、触。私たちはこれらの感覚によって外界の状態を認識する）への刺激と「心の襞（ひだ）」まで到達する刺激の二つからつくり出される。イベントは、まず五感への刺激が基本になる。そして、その刺激効果が高まれば、それによってまたイベントの価値が上がる。さらに、これに感動がプラスできれば、イベントとして最大の効果が生まれる。つまり、お客さまが集まり、満足して帰っていくという、イベントに求められる本来の目的が感動によって達成されるのである。

ではどうすれば感動を生む「心の襞（ひだ）」への刺激が可能なのだろうか。

前項で書いたように、偶然に生まれる感動はイベントにおいては、決してほめられるものではない。イベントにおける「感動」は企画段階で練りに練ってつくりあげるものなのである。テクニックで創造するものなのである。まれには予想もしない盛りあがりで感動にまで昇華したという例もあるが、それは結果オーライのできごとである。企画サイドとしては、あらかじめ冷静に盛りあがりを計算し、つくりだすのである。そしてイベント終了時にその成果を評価し判断するのである。

どうしたら心の襞（ひだ）へ到達する感動を生みだすことができるか。私の経験で言えることは、普段からものごとに反応する時の人々を「興味深く、注意深くウォッチングをする」ことから引き出されると考えている。多くの人々がスポーツや劇場、ドラマで感動している場面を冷静に第三者の視点で見ながら研究し分析することによって得た私なりの考察である。これまでさまざまな「感動の創出」に挑戦してきた結果、それは可能であると私は確信している。更にイベントは参加する対象者がイベントの目的によってさまざまである。そのターゲットに合わせた、また狙いをさだめた感動づくりも求められるのである。

地味婚も感動婚にプロデュースできる

これまで多くの結婚式に出席をしてきた。出席だけではなく、式の企画をし、司会をし、仲人をしてきた。結婚式は、式をあげる当人たちにとって人生最大のイベントである。それだけに、当然、さまざまな趣向を凝らして人生のメモリアルにしたいと考える。とくにバブル時代には、費用をかけた派手な結婚式をあげたカップルが多かった。だが、招待客はその派手さぶりに呆れ返り、白けた時間を過ごし、余興の時間では仕方なく拍手をし、早く時間が経過するのをひたすら待っていた人も多かったように思う。

当時を振り返り、企画マンとしての私は大いに反省する。あの華やかで派手な結婚式は大事なことだったのだろうか――。そして思う。結婚式で本当に大事なことは、お金のかかった派手なものではなく、心温まり、2人の将来を祝福できる場づくりではなかったのかと――。また、出席してくださった方々に対し、新郎新婦の心からの感謝の気持ちが醸し出されることこそ大事なことではなかったのではないかと――。

結婚式は2人にとって人生最大のイベントであると同時に、式に参加した人々から、これからの2人を祝福していただくイベントである。それには、2人がたどってきたこれまでの人生、これからの生き方や考え方にもとづいて式に参加して欲しい方を選ぶことである。結婚式は見栄でするものではない。現在は、経済環境の変化もあって予算が減少した地味婚になりつつあるけれども、企画次第で地味婚だって感動婚にレベルアップするのである。

結婚式は新郎新婦の人柄が出る。また、出なければいけない。2人らしさをどう表現するかを2人で企画してこそ味のある記憶に残る素敵な式になる。自分の結婚式は自分で企画を立ててこそすばらしい最高の思い出になると私は考えている。

イベントとはライブ広告である

広告とは「マスメディア（テレビ、新聞、雑誌、ラジオ）」や「屋外広告」「インターネット」などをとおして、対象となる生活者に対し、「企業そのもの」「商品」「サービス」などのPRをする行為である。短期間で広範囲の多数の人々に同質のメッセージを効果的に伝達することができるのが特長である。しかし、実際に伝達したいターゲット以外にも同時に伝わるため、無駄な部分も多くある。

それに対し、先行した広告と連動するのが「販売促進（セールスプロモーション）」である。広告を「補助」し、「支援」し、企業や商品の知名度やイメージを上げる目的をもつ。「販売促進」には、さまざまな手法がある。カタログ、チラシ、展示会、店頭のデモンストレーション販売、ダイレクトメール、プレミアム、POPなど。ターゲットを絞り込んで直接接触し、効率よくメッセージが伝達できる手法である。

この販売促進のなかで「イベント」と言われるのが「展示会、店頭のデモンストレーション販売など」である。人を意図的に「ある場」に集客し、仕掛けを考え、商品などの訴求を「ライブ」で行なう行為を言う。

その場で商品を目の前にし、さまざまな体験をしていただくには、「場」のつくり方や演出がポイントである。営業担当者とも直接に会話ができ、絶好の購入動機づくりができる。「五感」への刺激が可能なイベントの魅力がここにある。「ライブメディア」、「スペースメディア」「人メディア」として従来のメディアと違った価値が発揮できるのである。

展示会は時代とともに変化する

さまざまなイベントのうち、大掛かりなものが展示会である。展示会の王様と言えば「モーターショー」と言っていい。私も1970年代から1980年代までに数回のモーターショーに関わった。

モーターショーは1954年からスタートした。2009年10月の開催で実に41回目になる。最大規模の老舗展示会である。当初は、日比谷公園からスタートした。その後モーターショーと言えば晴海と言われるが、「晴海国際見本市会場」で約30年の長い期間行なわれ、その後、幕張メッセに移り現在に至る。１９９１年の第29回では開催期間２週間で約２００万人の入場者を記録した。国内でいちばん人気が高く規模が大きい展示会が「モーターショー」なのである。

またモーターショーは、展示技術や空間デザインの最先端の場である。展示の企画やデザインに携わる関係者は、今後の参考にしようと競って出かける。しかしそのモーターショーも、次第にジリ貧となった。２００７年は１４０万人程度に落ち込んだ。原因はいくつか考えられる。車社会が成熟したこと、若者の車離れ、そしてわざわざ込み合う会場に行く価値があるのかなど、また、同じような展示の内容に飽きがきたのかもしれない。

数年おきに開催される○○協会主催などの一般展示会も、入場者減少の傾向が出ている。その結果、バブル期以降見直しが始まった。従来の○○協会主催展示会という大きな船に乗ることに費用対効果があるのか、という疑問が起こった。予定数の入場者は集まったものの、配布資料を集めるだけとか、コンパニオンの写真を撮るだけの人たちが多く、果たして商品の購入動機に結びついているかどうか、冷静に考えなくてはならなくなったのである。

お客さまにとっては、同じ会場内で同業種の企業から効率的に情報を集め、他社との比較検討ができ、直接担当者と接触し意見交換ができることは助かる。実物商品を目の前で体験し、映像、模型を使ってシュミレーションし、鋭い質問もできる絶好のチャンスが展示会なのである。

中小企業にとり、同業種が一同に集まり展示会を開催する機会は多くはない。かといって単独で行なう展示会は、費用の面で効率的ではない。その結果、最近の展示会は、華美な展示演出の装飾をそぎ落とし、お客さまとの真剣な商談の場、ビジネスにつながる場へと変わってきた。

また出展企業も、それぞれ入念なマーケット調査を行ない、簡素な展示ブースに出展する企業、もしくは出展を中止し、その企業独自で単独に実施する展示会に切り替える動きが出始めた。○○協会主催の××フェァーの展示会そのものが中止に追い込まれた例も多くある。

短期間のうちに社会が求めるニーズが変わったのである。決してイベントの魅力がなくなったわけではないが、××フェァーのテーマ（名称）の××の部分の価値が急激に変動しているのである。いつまでも古いテーマにしがみついていると企業イメージもダウンしかねない。とくに幅広い商品をつくっている総合商品メーカーは、企業単独でホテルの大宴会場を使い、お客さまのニーズに対応したきめ細かな商品発表や商談ができる「○○企業総合展示会」などにシフトし始め、増加傾向にある。

また、従来出展していた××フェァーをやめ、社会ニーズにあった新しいテーマでネーミングされたフェァーに移行していく企業も多く見受けられる。最近では「エコフェアー」「環境フェァー」「ヴァーチャルフェァー」などのテーマが人気の展示会になっている。

古くからある店舗総合見本市「ジャパンショップ」「グッドリビングショウ」などの人

気フェアーを取材すると、小規模の展示ブースのなかに、目を見張る開発製品や、省コスト、省エネをテーマに魅力的な演出が考えられ、出展各社、いつも感服する展示がなされている。

私はこの展示会が好きで毎年行くことにしている。小さな企業の開発商品を手に取り解説を聞き、その努力に敬服する。大変刺激的で情報収集には最高である。改めて、展示会の役割や必要性を大いに感じている。展示会は、あちこちでたくさん開催されている。必要な情報をインターネットで調べ、訪ねてみることをお勧めする。私の企画のネタは、実はこれらから仕入れたものが大半である。

魅力的な商環境づくりのため、新製品、新技術が一堂に会する店舗総合見本市「ジャパンショップ」。

コンテンツが不備だった地方博とハコモノ

本来、ソフトを扱うことが不慣れな行政は、イベントには馴染みにくい性格をもっている。古くから毎年、各県持ち回りで開催されている代表的なイベントに「国民体育大会」があるが、行事化された同大会は、国民もあまり関心がないのが現状である。マニュアルに従って同じように運用され、盛りあがりに欠け、代り映えしないからである。夏の高校野球は、毎年の行事なのにエキサイティングである。どう違うのか？　すなわちイベントのやり方の問題なのである。単なる巡回イベントから、国民がときめきを感じ、待ちわび、郷土の誇りを感じ、競技参加者をたたえ、期待し、身近なものとして行く方法を考えるべきである。感動を受けるシーンも数々あるはずである。みんなが心から楽しみ、心に残るものにすべきだろう。

ほかには、明治末から開催され、4～6年ごとに開催される全国菓子博や、県や市で開催する全国都市緑化フェアーなど、ほぼ定期的に行なわれる持ち回り大型イベントがある。だが、これも「国民体育大会」と同様である。開催が決定した地方自治体は、実行することに全精力を投入し、無事終了させることが目的になってしまっている。これではいけない。「イベントは目的ではなく手段である」ことを、もう一度冷静に考えてみれば何かが見えてくるはずである。

1990年前後のバブル真っ盛りの地方自治体の動きは滑稽だった。無節操でもあった。社会の動きとともに、地域イベントがさまざまに浮上し、そして沈んでいった。

その代表的なものの一つ目は、1988〜89年に急に火がついたように開催された「市制100周年記念」イベントだった。わずか2年の間に30件近い地方博が各地で一挙に開催された。金太郎飴博覧会と揶揄批判された行政らしいワンパターン博覧会であった。

二つ目は、1987年に制定されたリゾート法によるものである。地方自治体はテーマパークやリゾート開発計画を目白押しに発表し、民間企業と共同出資をした第3セクターを立ち上げ、事業計画がいっせいに動き始めたが、そのほとんどが頓挫した。

三つ目は、「文化施設」の建設だった。雨後の筍のごとく、各地方で博物館、科学館、美術館などの豪華絢爛な文化施設がつくられていった。「文化、文化」と文明開化のようなうたい文句の下、隣の県もつくったから、おらが県もつくらなくちゃあ、負けてなるものか、という具合だった。地元住民も「文化」というキーワードに踊らされ、黙認し否定もしなかった。華々しいオープンニングのテープカットで、私がつくりましたと、誇らしげな表情を浮かべていた各自治体の首長の顔が、今でも思い出される。

しかし喜びもそこまでだった。立派な建物「箱（ハード）」はつくったものの、「コンテンツ（ソフト）」まで追いついていなかった。最初の数年は物珍しさで動員が図られたものの、すぐに入館者が減少した。1度は来てみたもの2度とは行かない魅力のない代物になっていった。人件費、光熱費、メンテナンスなどの運営上かかる費用は、着実に毎年出費されていく。最低でも10年先の運営予算費が明確に計上されてあればと思うが、行政の仕事はつくるまでで完了、先のことまではという、単年度予算の行政らしい計画だった。

このように、建物・展示物（ハード）はできたものの、運営面（ソフト）の予算、人や動員策、リニューアルなどの点で追いつかない状態を揶揄的に表現し、つくられた建物を「ハコモノ」と呼ぶ。現在ほとんどの「ハコモノ」が運営的に火の車状態である。大半の行政が頭を抱えている。無責任行政のツケを残された住民は、降りかかる火の粉の払い場所がないのが現実である。

だが、痛い思いをした行政も勉強はした。「ハコモノは駄目」が合言葉となり、その後はほとんど静かな状態になった。その結果、費用負担が比較的軽くすむイベントという「ソフト」に目が向いた。○○フェアー、○○コンベンションなどの名目で各自治体が研究をし、取り組む価値があると判断したのだろう。現在は増加傾向にある。

地方博ブーム時の博覧会にまったくメリットがなかったかと言えば、そうとは言えない。一部を除いて、それなりにメリットはあった。ハード的にはインフラ（道路、施設）の整備、ソフト的には地元へのイベント文化の振興である。とくに地方の若年層のイベントへの接触は、その後の人生に限りなく大きな影響を与えたはずである。

地方博ブームが収まった1990年以後、比較的大きな地方博が3地域で開催された。1993年の長野県松本市で開催された「信州博」、1997年、鳥取県境港市で開催された「山陰・夢みなと博」、2001年、福岡県北九州市で開催された「北九州博」がそれである。それぞれが地域の持ち味を発揮し成功した。

これからの自治体の生き残りにイベントは欠かせない

行政が行なうイベントや文化施設（博物館、科学館、美術館など）づくりは、民間が行なうと実施までのプロセスや、その後の運営に大きな違いと課題が存在する。実務的には展示会社やイベント会社が競争入札（コンペティション）などによって企画や実際の作業を受注することになるが、受注後の具体的な問題点をあげてみる。

①イベント経験がない行政側の人たちが突如、プロジェクトに出向してくるためコミュニケーションができにくい。
②お役所的な発想で仕切ろうとする。
③イベントは行政の首長が発案する場合が多く、トップ案件となる場合が多い。また背景に次の選挙対策が見え隠れする。
④中途で首長が変われば、プロジェクトそのものがなくなることさえある。
⑤議会承認の必要があり、中途でその承認通過のハードルがある。
⑥イベントの「テーマ」や「コンセプト」は高尚なものになるのだが、実際の実施段階では入場者数、収支決算だけが評価されがちになる。

⑦文化施設の場合、施設づくり（ハード）の初期費用（イニシャルコスト）は用意されるが、その後の長期的視野に立った継続的な運営費用（ランニングコスト）が考慮されにくい。そのため将来の施設のビジョン計画が立てにくい。

⑧文化施設が完成した後、新しく、館長、担当者が就任する。しかも役所から出向の形態が取られ、数年で元の巣に帰っていく。これが責任感とモチベーションを低いものにしてしまう。

以下、地方自治体のイベント戦略について意見を述べておく。

〈文化施設の場合〉

文化施設は全国にほぼ行きわたり、既に数千カ所が存在するが、大半が運営上苦労している。今後つくられるものは、十分に吟味され、必要に迫られたものに限定されることになるだろう。

つくられてしまった無策のハコモノは入場者が激減し、光熱費、人件費などの運営費も削られ悪循環に陥っている。思い切った活性化対策や施設の統合、廃館も迫られている。しかし、地元の資産であり、宝でもある、いいコンテンツをもった施設も実は非常に多い。アイデア次第で、再活性化する可能性がある。官民が本気で地域の資産・財産と考え、もう一度使い方を考えてみるべきではないだろうか。

〈イベントの場合〉

自治体の生き残りや差別化競争が激化するなか、イベントは自治体が抱える課題が手っ取り早く解決できる手段の一つである。これまでのハコモノ行政の反省の結果、各自治体とも今後は効果の高いイベントを増やしていく傾向にある。理由は以下のとおりである。

①比較的予算が少なくて済む。
②ハコモノと違い住民の賛同が得られやすい。
③テーマが自由に設定しやすい。
④比較的小さな行為で大きな効果が得やすい。
⑤行政側の職員にソフトのメカニズム感覚が身につきやすい。
⑥官民が一致団結しやすく、「やった感」「達成感」が出やすい。
⑦期間が比較的短期間で終了するため問題が後を引かない。
⑧テーマやターゲットに合わせ、きめ細かな企画が立てやすい。

イベントは行政マンにとって経験の薄い領域である。だが、この経験は地元住民の顔が見えるだけでなく、同じ土俵上で取り組んだという達成感が得やすく、行政のＰＲにもなる。イベント上手な自治体の評価は高くなり、自治体間の競争も勝ち抜ける。首長のセンス、有能性も現れる。イベントの価値が理解できない首長は選挙にも弱い。イベントという手段、手法をことあるごとに上手に活用していくことが、今後、ますます必要になってくるだろう。

イベント成功の秘訣は地域文化との密着指数次第

これから行政が行なうイベントは、どのようなことが重視されるべきだろうか。

毎日の実務をキャンペーン的にイベント化する小さなもの（たとえば、笑顔で接しよう!!…的なもの）から地方博、国体クラスまで、イベントは大小無数に存在している。

本来地方自治体は、わざわざイベントを行なう発想も必要もなかった。それでやっていけた。しかし現在、地方は横並びでは生きていけない時代になっている。隣の町と同じことをやっていたら、いつしか取り残されてしまい、活力も魅力もない町や郷土になり、住民は流出してしまうかもしれない。

ただ、ここがむずかしいところだが、やりすぎてもいけない。間違った舵取りをすれば北海道の夕張市のごとくつぶれてしまう。しかし、効果的に行なえば価値は上昇し、住民にも誇らしい地元になり、ますます繁栄する。これはすなわち企業の経営と同じである。そして、その戦術の一つがイベントという手法である。よいイベントを企画し実施するということである。

イベントの実施や経験は、従来の行政の在り方の変革や革新につながっていく。なぜならイベントが成功するには、企画から実施まで、住民と四つに組み、ともに作業しなければ目的は達成しないからである。その結果、住民と行政の間に心からの信頼と喜びが芽生える。

逆の場合はせっかくのイベントが批判の対象にさらされる。生半可な企画や実施では、心に訴えることはできない。全知全能で計画され、参加者の立場を十分に考え、参加者へ感謝の気持ちがなくては、成功は不可能なのである。逆に、成功した時に心はひとつになる。この効果は何よりも大きい。こうしたイベントのほかに、自治体で、住民と心が一体になるようなことがあるだろうか。イベントが人を動かす源になっていくのである。

イベントを企画する場合、まず大事なことは、この地域は何を目指しているのかということを知ることである。

イベントは「ビジョン」なり「目標」達成の解決策の手段の一つである。だからさまざまな手段を抽出し、そのなかからいちばんベストなものを選び実施しなければならない。そのためには、わかりやすい「ビジョン」と的確な「目標」の整備が必要である。全国の各自治体のビジョンを見ると、80％は他の地域との差がない。内容も薄い。言葉遊びの感がある。また社会の変化や、時代と共に簡単に変化する「ビジョン」「目標」では意味がない。そのためには地域の「ブランド」が磐石なものかどうか、もう一度原点に戻って確認する必要がある。機会を見つけて自分たちの地域の「ブランド」の検証を是非やって欲しい。その自治体でこれからやるべきことがおのずと明解になってくるだろう（ブランディングについてはⅢ章で後述）。

エルダー世代はアナログとデジタルの両方のよさを知っている

エルダー層の動向が何かにつけ話題になっている。ちなみにエルダー年代とは50代からを言う。なかでも、定年を迎えようとする60歳前後が話題の中心的存在である。その理由は、私を含め、いつの時代にも注目されてきた700万人の「団塊の世代」が、この数年間、真只中にいたからである。常に時代をつくってきた世代が大集団で定年を迎え、あるいは既に退職し、新社会人としてスタートしている集団などが混在しているのがこの年齢層である。会社人として社会を支えてきた大人数の「働き蜂世代集団」が、ベルトコンベヤーに乗せられ、定年層として一挙に一般社会に送り出されたのである。

この世代の「男であり夫」は、いわゆる仕事中心主義で、日本の経済成長とともにがむしゃらに働いてきた。仕事以外の世の中を見つめる時間がなかった。だが、「妻」のほうは違う。子育てを終え、自分の生き方を研究する時間が十分にあった。既に助走期間を終えて次のフィールドを楽しんでいる。したがって、夫婦が同じ価値観をもっているわけではない。新しいフィールドに降り立った夫は当然1人で新フィールドを探すことになる。ここでさまざまな障害、弊害が出てくる。よく取りざたされる熟年離婚もその顕著な例である。フィールドには旅行、畑いじり、スポーツ、カルチャー、ボランティアなどが広がっている。しかし、そうやすやすと新しい土地に根を下ろすことはできない。しかし、まだまだ元気な集団である。人生80年とすればこれからの20年は新しい環境でのスタートとなる。この生活設計を失敗するわけにはいかず、無難なものから手をつけていく。

博報堂の生活総研の資料を見ると、夫婦が目指す定年後の生活は明らかに男女差がある。その違いをこう分析している。

一般的に、50歳前後になると子どもが独立し、妻はその時点で実質的な定年を迎える。そこから仲間づくり、友だちづくりに入る。一方、夫は60歳で定年を迎え、会社人生を終えた時に、初めて妻を見て「これからは君の顔を見て暮らすよ」と言う。ところが妻は「何で私があなたの顔を見て暮らさなければならないの？　私にはたくさんのお友だちがいるわよ」となる。この厳しい現実が定年離婚へとつながっていく。「孤独な男性」ＶＳ「豊かな女性」という構図である。

この集団のキーワードは「小金持ち」「時間持ち」「物持ち」「趣味持ち」「一家言持ち」「高脂血症持ち」である。そして枯れていくのではなく、ますます元気で自立しようとしている。子どもたちに面倒をかけるつもりがないと同時に、財産も残さないつもりでいる。自分で使い切ってしまうという考えをもっている新しいエルダーである。

とくに団塊の世代集団はこの牽引役となっている。彼らが今後、お金をかけようとするのは健康に関することが最大である。新エルダー全体で見ると、トップが旅行・食事である。そして芸術鑑賞や友人との交流を求めて街に出て行く。面白そうな情報を聞けばインターネットで調べ、自分にとって価値が高いと判断すれば、遠くても、高くても出かける。

そういう集団だと生活総研は分析している。

すなわち、アクティブな集団である。現に昼間のスポーツジムは60～70歳で占領されている。ランニングマシーンで黙々と走るエルダー軍には圧倒させられる。

そのエルダーたちのイベントの原点は、6500万人が来場した1970年の大阪万博である。彼らがまだ20歳前後から30歳前の、感受性の高い、社会に出たてのころの体験である。大阪万博のすべては斬新で強烈な衝撃だった。外人が、コンパニオンが、パビリオンが、展示が、すべてにおいて過去に経験したことがないものだった。日本人にとって、そして人間が本来もっているイベント好きのDNAが強烈に騒いだ最初の瞬間であった。

それまでは田舎の鎮守の森のお祭りや、盆踊りがお祭りだった時代に、余りにも強烈なインパクトを体験し、エルダー世代はそこから社会人としてスタートしていったのである。

受け入れ方にはそれぞれ違いがあるものの、エルダーたちが大阪万博の印象を元に、その後のイベントに対してある基準をもったことは事実である。そして、その後の国内のさまざまなイベントは、このエルダーたちが中心になり、見様見真似で工夫しながら、挫折しながら、彼らの肌に合うイベントがつくられ加工されてきた。つまり、団塊世代は、イベントの潮流をつくってきた集団であり、アナログとデジタルの両世代を垣間見た集団であり、イベントの感激とは何かも知っている集団であり、さらに言えば、イベントを判断し、批評と選別ができる人たちなのである。

大阪万博の後、さまざまなイベントが一気にスタートした。そして、次の世代以降の人たちは、生まれたときから周辺にイベントが存在している。受け入れ方、感じ方は、大阪万博からスタートしたエルダー世代とは違う。

私は、アナログ人類でもある団塊世代が、次の世代であるデジタル人類にメッセージを発し、彼らにアナログとデジタルの両方のよさを教えてあげる必要があるのではないかと考えている。

イベント評価の九つの原則

イベントには、①イベントそのものを粛々と実施することを目的とするもの。②ある課題解決の目的のためにイベントを利用するものとがある。この本は、②の手段として用いるイベントにスポットを当てている。①、②ともイベントを実施、実行する場合、見かけは同じようでありながら、スタート時点からまったく違うプロセスや要素が加わる。また、イベント終了時の達成感や喜びは同じでも、まったく別次元のものとなる。別な言い方をすれば後者は仕掛けイベント、企てイベントなのである。

以下に一般的なイベントの種類についてあげておく。

「イベントの種類」
・行事としてのイベント（＊）――行事としての地域のお祭り
・文化イベント（＊）――演劇、音楽、芸術鑑賞など
・スポーツイベント（＊）――国体、野球、マラソンなどの競技
・会議イベント（＊）――コンベンション施設を利用した国際会議など
・フェスティバルイベント――パレード、物産展、桜祭りなど
・見本市、展示会イベント――モーターショー、新製品発表会など
・博覧会――数十万人以上が集まる規模

「集客施設の種類」
商業施設（＊）――ショッピングセンター、店舗など
文化施設――博物館、科学館など
テーマパーク・遊園地――ＴＤＬなどを中心とした大型施設など
観光施設・リゾート施設（＊）――温泉、名所旧跡、余暇施設
遊興施設（＊）――水族館・競馬場

▼重ねてお断りしておくが、行事としてのお祭りやスポーツ、コンベンション、歴史的な神社仏閣などに人が集まる（下記の分類中＊印が該当）ものに対しては今回のテーマから外して考えている。

イベント終了時、いつも問われるのがイベントの評価についてである。どのように評価されればいいか検証してみよう。すべてのイベントは、それぞれ実施される「経緯（いきさつ）」がある。そのため、実施前に必ず、実施後のあらゆる状況を想定して、明快な「評価基準」をつくっておく必要がある。これが重要な役割を発揮する。開催中や終了時につくっても意味がない。終了時には外野席からの勝手な意見や別の要因が加わり、予想もしなかった悪い評価になることが多々ある。イベント企画側、実施側にとって思いもよらない不本意な評価を受ける場合もある。これらの不当な評価から身を守るためにも、是非必要なことである。イベント発注者からの評価はともかく、メディアを含め第三者が勝手に評価し批判する場合もある。それをはねのける、唯一のものが「イベント評価基準」なのである。

イベントの明確な目的や、何を達成すればいいか、などの項目をあらかじめ明確にして重要度に応じて順位をつけ、イベント終了時にはそれに従って冷静に評価されなければならない。たいていは、動員数が大幅に伸びた時は成功とされ、よい評価をされるが、それは「評価基準」の1項目にすぎない。当初に掲げた評価基準の各項目が、どのように達成できたかどうかを冷静に判断することが次のイベントの価値を向上し、また成功に導く。無駄のない効率的な投資にもなる。評価基準をつくっておくことはイベントの常識であり、企画の正当性を主張するためにも必要なことである。

以下に評価要素のポイント9原則を掲げておくがイベントの性格に合わせてさらに項目

を追加してほしい。

①イベントのコンセプトは守られているか。
②伝達要素（メッセージ）は伝わったか。
③ターゲットのお客さまは満足したか。
④企画時の空間デザイン、演出は具体化されたか。
⑤運営対応（スタッフ、配布物、アンケートなど）に問題はなかったか。
⑥想定したターゲットのお客さまは来たか、予定動員数には達したか。
⑦トラブルは想定の範囲だったか、発生したトラブル処置はどうだったか。
⑧終了後のお客さまフォローは予定どおりにできたか。
⑨費用は予算の範囲だったか。

このような項目を基本にして、イベントの目的や性格別に肉づけし、さらに綿密な評価基準をつくっておくと、実施にあたって効果的なチェックリストになる。さらに評価の結果の出し方（点数のつけ方）も事前に決めておけば万全である。これらを確認するため、来場者にアンケート調査やヒヤリングを行なうことは有効であり、次回のイベントの役にも立つ。

コラム①元総理小泉純一郎さん

ライブイベントで人の心を動かす

今では、格差社会を生んだと批判の対象になってもいるが、郵政民営化法案の大フィーバーを含め、小泉総理在任中の数年間は、まさに毎日がイベントだった。定例記者会見はもちろん、テレビに出てくる時には釘付けになったものである。小泉さんには、イベントの原点である意外性、新鮮さ、痛快性が常に期待できた。しかも常にその期待に応えてくれた。大多数の国民が望んでいることをやってくれるヒーローであった。政治家の大半がもっているダーティな世界をまったく感じさせない、クリーンで偉大なスーパーヒーローだった。

このヒーローが仕掛けるイベントは、まさに最高の劇場であった。語り口、パーフォーマンスで人を酔わせ、名舞台を見ている感じがした。そして次の登場が待ち遠しいほどであった。国会答弁も国民みんながニコニコしながら見ていた。

その、全身を使った痛快なパーフォーマンスは、イベントマンである私をいつも唖然とさせるものだった。仕掛けというより、もって生まれたアクターのセンスを感じた。そして感動もした。感動した時、国民は

「純ちゃん」と親しまれた元総理小泉純一郎氏。

小泉さんの「訴求メッセージ」を受け入れた。だから、あの「郵政法案」が成立したのである。国民が通過させたのである。

実際の演説会は、テレビよりも熱い最高のライブイベントだった。小泉さんは国民をとりこにするコツと演出を知っていた。イベントの効果を熟知していたイベントプロデューサーだった。優秀なプロデューサーであり優秀なアクターであれば最高のパフォーマンスができるのは当然だった。小泉さんを取り巻くブレーン集団にも優秀なスタッフがいたはずだが、見た目は最高傑作のひとり芝居劇場だったのである。

計算しつくされたライブイベントでもある演説会は、人の心まで動かすことができる力をもっている。これはテレビの画面だけではできないイベント力効果である。

1人の人間が国民の心理状態まで動かし、洗脳することができるのは世界の過去の独裁政治の例を見ればよくわかる。上手な演説が人を酔わせるのである。そして、盛りあがったイベント特有の集団心理がさらに「場」の風をつくっていくのである。ただし、その反面、リスクもあることをわかっていただきたい。

最近では、アメリカ大統領オバマの名演説にテレビの前で思わず身を乗りだすことがあるが、それに引き換え、我が国の小泉さん以外の首相の演説は見劣りがする。人の心を動かす差が歴史をもつくっていくのである。

コラム②豊臣秀吉

人心を獲得するソフト戦略を心得ていた秀吉

歴史小説を読むと、秀吉が戦略的な目的でイベントを仕掛けていたことが読み取れる。戦国の世において、秀吉は足軽からスタートしてトップに躍り出た出世競争のトップスターである。飛びぬけた才能をもっていたことは容易にうかがえる。大半の武将は武力しか考えられない時代のなかで、武将としての能力と同時に、人を動かし惹きつけるソフト面の凄いセンスをもっていたのである。

そのいい例が、茶の湯文化を権力に取り入れ、さらにイベント化したことである。最も名高いものの一つが、北野天満宮の松原で開催した「北野の大茶会」と言われる大イベントである。ピークが過ぎ、自分としても陰りを感じ始めた時期に、秀吉は権力を誇示し人心を掌握する目的でこのイベントを実行した。

招待客は時の戦国大名、公家、文化人、一般の庶民までと広く1000人を超えたという。茶の湯を利用して文化人らしさを誇示するとともに、実は黄金の茶室や茶器を披露し、天下の権力者であることを示す手段として実施したのである。この狙いはみごとに成功したと言わ

豊臣秀吉像

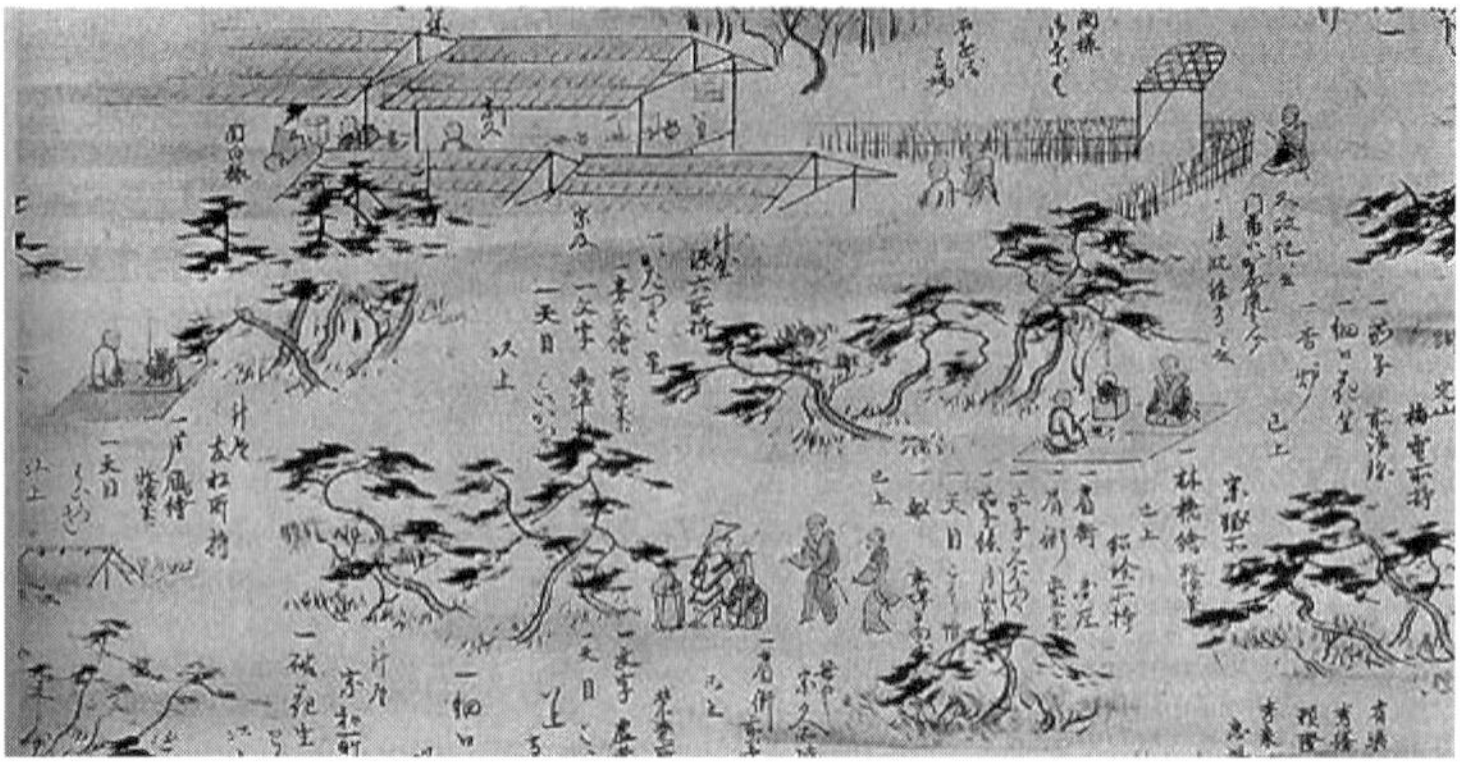

大イベントぶりがしのばれる北野大茶の湯図。

ざるを得ない。

おそらく当時の社会においては、度肝を抜いた企画だったはずである。秀吉は、その後も豪華な「花見イベント」をたびたび開催している。有名なものは「吉野山の花見」「醍醐寺の花見」などで、これらの花見はよく文献に取りあげられている。これも実は花見が目的ではなく、政治家秀吉の目論見によって人を掌握する手立てとして実行されたイベントと考えるべきである。いずれにしても人を動かすものが、武力、腕力だけではないと知り、何の教本もない時代にソフト戦略を使って人心を獲得することを知っていた秀吉のイベントプロデューサーの才能には敬服するばかりである。

コラム③徳川家康

秀吉からイベント効果の力を学んでいた家康

慶長3年（1598年）に権力を誇った豊臣秀吉が63歳で亡くなった。慶長5年（1600年）、天下分け目の関が原の合戦が起こり、石田三成の西軍を破った徳川家康は、慶長8年（1603年）、江戸幕府を開いた。

家康は、竣工したばかりの京都の二条城で将軍に就任し、幕府をスタートさせた。だが、その後のさまざまな祝いの式典は江戸ではなくて京の都で開いた。

京都、大坂の経済の発展、活性化の原動力で人気のあった秀吉の亡き後、家康を迎えた武将たちの間には、まだまだ反感や不安もあった。この時期に就任式典を、朝廷のお膝元で開くことは、天下を握った家康の力を内外に示す大きなデモンストレーションでもあった。

そして慶長9年（1604）8月、家康の命により、なおも続いていた秀吉人気と京の人々の気持ちを汲んで有名な秀吉七回忌の「豊国神社臨時祭」が7日間にわたって盛大に催された。派手に着飾った風流（ふりゅう）踊りが町中をにぎやかに練り歩いたという。

徳川家康像

戦乱の時代が終わった後のこの大きなお祭りは、実は家康の人気取り「イベント」だった。秀吉がそれまでに実行した「イベント効果」を十分に見聞きしていた家康は、それに劣らぬ祭りを京の都で催したのである。実際に、このイベントの後、人心は落ち着いた。家康も秀吉に負けない偉大なイベントプロデューサーだった。徳川安定の世づくりにつながる原点がここにあったと言えるだろう。

コラム④私とイベントの出会い

イベントが人生設計の原点だった

中学1年生（1960年）のころのできごとである。ある日、私は、出身地である田舎の小さなスーパーマーケットへ母と一緒に出かけた。何気なく立ち寄ったそこの屋上で、見たこともないデモンストレーションが行なわれていた。アマチュア無線を広めるための「公開イベント」だった。当時としては珍しいライブイベントで、同好会に所属しているらしいおじさんたちが、楽しそうに「CQ、CQ」と無線機のマイクに向かって話をしていた。

その姿を初めて見た私は度肝を抜かれてしまった。おじさんたちにしつこく質問を繰り返して教えてもらった結果、それが「アマチュア無線」であると知った。私は早速に本屋で「アマチュア無線入門」の本を買い、その日からアマチュア無線の虜になった。半年後には国家資格を取った。また送信機、受信機を自力で組み立てた。部品（当時は真空管）を雑誌で調べ、両親にねだり、自宅に電話もなかった時代、秋葉原のラジオ店に郵便で注文した。慣れない手つきでハンダごてやドリルを握り、送受信機をつくった。近所の竹やぶから竹を切り出し、庭に大きなアンテナを立てた。みんな手づくりだった。

それからというもの、学校から帰ると、毎日、毎晩、日本各地の見知らぬ人と話をした。時には天空の電離層の関係で地球の裏側のアマチュア無線家たちと話ができることもあった。交信したという証に、カードを交換するのも楽しみだった。

中学、高校と、私はアマチュア無線にはまっていた。数千枚のカードがたまった。大学を受験する時がやってきた。文化系を受験するか、それとも理科系かになったが、送受信機をつくって電気をいじっているから、自分は当然理科系人間と思っていた。そして理科系の学校に入った。4年間電気工学科に籍を置き、建築系の会社に就職した。だが、ビルの電気設計をしながら、その仕事に満足していない自分を発見した。ある人の紹介で4年目で広告会社に転職、その後の仕事には満足し、充実した毎日だった。

ここで言いたいのは、次のようなことである。

アマチュア無線に出会った時のあの衝撃は、アマチュア無線という理科系の電気に興味をもったのではなく、見知らぬ世界の人々と交信すること、コミュニケーションすることに興味をもったということだったのである。――しかし、当時の子どもの感覚では、その意味はわからなかった。自分は理科系人間とひたすら思い込んでいた。

アマチュア無線は人とコミュニケーションをするための「手段」だったのである。私が好きだったのは、アマチュア無線によって知らない人たちと「コミュニケーションすること」が目的であり好きだったのだ。

遅まきながら50歳を前に、私はやっとそのことに気がついた。

就職や人生設計において、実は大半の若者が、本当に自分が好きなことがわからないまま人生を送っていることが多いのではないだろうか。最近、講演を頼まれる機会が多くあり、余った時間に親御さんたちにこの話をすると、自分の子どもにいいアドバイスができると大変喜んでいただける。

もし、現在はまっている趣味や興味がある世界があるとしたら、その世界の何が自分の性分に合っているのか、本質は何かを考えることが必要だろう。私の原点にはイベントが存在していた。少年時代の田舎のちょっとしたイベントが、私の人生を動かしたのである。「イベントの力」

が人生も動かすということを私自身体験したのである。

若い人たちにとって、とくに刺激になるのがこのようなライブイベントなのである。

アマチュア無線に熱中していた高校生のころの筆者。

第Ⅱ章

スペースメディアとは

──空間がもつメディア性をどう活かすのか

マスメディアとスペースメディアの違い

イベントがつくり出す「人が集まる場」もメディアの一つである。だが、その「場」には4大メディアと言われるテレビ、ラジオ、新聞、雑誌のマスメディアとはまったく違う効果がある。

テレビ、ラジオ、新聞、雑誌は、同じ情報を不特定多数のお客さまへ提供する。お客さまは、特定の場所へ出かけることなしに、その場で自由に情報を得ることができる。だが、「場」は違う。お客さまが貴重な時間と費用をかけて、わざわざそこまで足を運ばなければならないという大きな特長がある。興味をもって期待をしてイベント開催場所まで出向いたお客さまは、その「場」で情報を得て、満足し、納得する。五感（視、聴、触、臭、味）をフル稼働させて、その「場」の雰囲気を味わい、主催者がもくろんだ情報を受け取る。たまたま同じ興味や目的をもって集まった人たちが、同じ空気と環境のなかで情報を得るのである。したがって、お客さまにとって最適な「環境と雰囲気」の盛りあがりをつくれば、主催者が伝えたい情報を効果的に伝達できるのである。これがイベントを行なう本来の目的であり、「スペースメディア」と言われる所以なのだ。マスメディアとスペースメディアの違いがここにある。「場」は、狙った人たちに向けて効果的に情報を伝達することができる第5のメディアと言えるのである。

このことは博物館、科学館などの文化施設でも同様である。すなわち工夫されたディスプレイ（展示）コーナーでは、お客さまの興味を引き、理解に結びつけるため、五感にフルに訴える情報の交換が行なわれる。またそうでなければ空間利用の価値が低いことになる。演出手法はさまざまあるが、床、壁、天井、展示装置などの空間と、アテンダント（案内スタッフ）のすべてを巧みに使い、人を引き込むコミュニケーション装置になっていることが、よりスペースメディア性をもっていると言えるのである。

しかし、日本の大半の文化施設はきれいに展示・陳列することを重視する傾向があり、空間のメディア性に対する意識はまだ低いし、空間の価値を最大限に活かしていない。入館者にもっと情報が伝わり、もっと印象に残る施設にすることができるはずなのに残念なことである。

面白い話がある。以前米国ワシントンへ出張中に、スミソニアン博物館群のなかでも最も有名な「国立航空宇宙博物館」で夕方からパーティーがあると聞いて出かけた。ところが、なんと博物館内で、まさに名だたる数々の航空機展示物のなかでパーティーが開かれたのである。ワイングラスを片手に、有名なライト兄弟の飛行機や月着陸のアポロ11号の司令船コロンビア号などを背景に貸し切りパーティーをするのだ。このインパクトには度肝を抜かれ、感動もした。今でも鮮明に覚えているパーティーである。これもスペースメディアとして最高に有効活用した例ではないだろうか。

スミソニアン国立航空宇宙博物館内に展示されているケーレイ卿の鳳凰船。

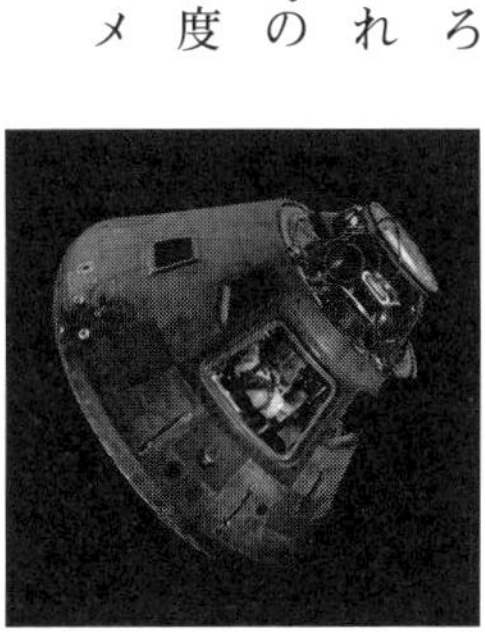
初の宇宙遊泳に成功したジェミニ4号のカプセル。

スペースメディアは脳と五感をフル活動させる

ラジオ、新聞、雑誌と比べ、ＴＶは情報量が格段に多い。一説によれば、ビット数で比較すればＴＶはラジオの１万５０００倍という。ハイビジョンになればなおさらである。きめ細かな美しい映像が情報として視聴者の目に届く。だが、ＴＶがもつこうした情報量も、スペースメディアがもつ情報量の多さとは比較にならない。

たとえば寄席番組をＴＶで見ているとしよう。それなりに満足はする。しかし、寄席まで足を運び、五感で感じるその「場」の雰囲気と比べると、想像もできないほどの情報量の違いがある。寄席まで足を運んだ人は、自分では気づかないが、人々の表情や笑い声、お弁当を広げるときの騒音などを、目、耳、肌、鼻などのすべてのセンサーをフル稼働して収集している。脳のすべてが活発に働いている。そして、これらの体験が総合的に働き、今日の寄席はよかった、悪かったという評価になる。よかった場合は次にも行きたい衝動に駆られる。つまり、情報量が評価とつながり、これからの寄席に対する決定的判断となる。ファンになるか、単なる娯楽の一つで時間つぶしと考えるか、それとも今後興味がなくなるのか、大げさに言えば、その人の人生の趣味や生き方の一部が決まってしまう。これがスペースメディアの凄さであり怖さと言えるのである

ＴＶの旅番組にも同じことが言える。画面には夢のような世界が映し出され、まだ見ぬ

旅先をあれこれと想像させてくれる。しかし人間には、元来、非日常空間に身を置きたいという願望がある。映像や聞いた情報だけでは飽き足らず、わざわざお金を使い、時間をさいて旅に出かけていく。

そして現実の旅は思いもよらないハプニングに満ちている。映像や案内誌などでは絶対に収集できない出会いや体験を旅先の空間で味わう。見知らぬ土地に降り立ったときの不安、期待、町の匂い、人々の表情、騒音、建物、それらが想像をはるかに超えたインパクトとなる。初めて訪れた土地を一歩、歩き出した時から、無意識に、全身で情報を受け取ろうとする。脳がすばやい判断をして、記憶に残すべきものとそうでないものを自動的に淘汰していく。まさに脳と五感のフル稼働である。どんなに技術が進んでも映像ではこのリアル空間を表現することはできない。これがスペース(空間)の凄さと可能性なのである。

人間がもつ情報収集力はいかなる超スーパーコンピューターにも負けることはない。宇宙規模の無限の情報量を交換できる可能性をもっている。「空間」が無限の情報量をもっていることを前提に集客施設の価値を考え、伝えたいメッセージを効果的に仕込めばこれに勝るメディアはない。そして、この特性をわかって計画し実施した「イベント」や「集客施設」は、一層レベルの高いものとなって人の記憶に焼きつけられるのである。

店舗もメディア

テーマとちょっとそれるが、店舗づくりにおいても同じことが言える。マスメディアを使って商品をPRし、すでに購入の動機づけができていても、実際の購入は店舗での情報収集が決め手になる。店舗のデザイン、従業員の対応などのすべての環境を判断し、購入するかどうかを決定する。つまり、商品が置かれている「場」の環境が最終の購入決断をうながす場合が多いのである。

以前からなんとなく欲しいと思っていた商品を店で見つけた時、客はその商品を手に取り、身につけてみる。その時、店員から、その人だけに向けた商品の使い方や、一味違うアドバイスがあれば、客は自分が商品を使うときのイメージをふくらます。それが購入につながっていく。こうしたすてきな一言を添えることができる店員のいる店、また、売り場に魅力的な仕掛けや演出の工夫が施された店、また、そこに行くことで非日常空間に出会える店、発見がある店、そのような店を客は楽しむのである。

したがって、売り場では「商品」の重要性以上に「店」すなわち「場」の重要性が見直されなければならない。すてきな店舗ですてきな商品を買ってこそ、客は自分の価値を高め満足する。客は価値が高いと思われるところに自分の身を置きたいのである。

今後、店の形態は、無店舗のテレビショッピング、カタログショッピングやコンビニエンスストアのような「お手軽買い、機能型」と、商品を手にとって従業員とコミュニケーションを楽しむ「店舗エンジョイ型」の両極端に整理されていくことだろう。前者では、客は便利さ「気軽さ」「安さ」を追求し、後者では店にいる自分の姿をイメージし、買う「楽しみ」、「喜び」を見つけ出す。

いずれにせよ、これからの店舗は商品を売る「スペースメディア」とならなければならない。そして、その視点で開発されなければならない。

世界の要人が一堂に集まる理由

最近の光通信の情報量は莫大である。それに伴い、テレビ会議が有効に利用されている。そのメリットも大きい。

世界から各国の首脳が集まるサミットや、6ヵ国会議などの重要な会議は、安全対策、運営、プレスなどの費用が莫大なものになる。だが、世界の要人が一堂に会する意義は、費用で計ることはできない。そこで繰り広げられる人間交流にこそ価値があるからである。加えて、この出会いをメディアが取材し、世界に流せばサミットというコンベンションイベントの意義と効果が最大級のレベルに達する。人と人が直接出会う時、電話や映像では想像もできないほどの情報量の交換の「場」になるのである。

細かな表情、態度、そして根回しなどのアフターコンベンションのすべてが、脳と五感をフル回転させ、コミュニケーション活動を行なわせる。目を見て握手し、肩をたたき合って、相手の懐に入り相手を知る。会って顔を見ながら会話をすることがもっとも人間らしい特権である。私たちも、重要と思う事柄は面倒でも会って話をすれば案外片づく。どんなに通信技術が進み情報量が増えたとしても、絶対に越えられないライブのすごさである。

部屋にいながらにして得ることができる新聞、雑誌、ラジオやテレビ、インターネットなどの情報（見たくなければスイッチを切ればいい）と、わざわざ交通費を払い、汗をかき、期待してイベント会場まで来た人とは、情報を得る環境と条件がまったく違う。そして、イベントを見終り、満足して帰路についていただければ、イベントに仕込まれた情報は、楽しかった記憶や情景として心に焼きつき、その後、ジワジワと効果を発揮する。何故ならインパクトの強かったイベントほど、思い返し、なぞるという現象が起きるからである。イベントに効果的に仕組まれた情報は心に寄生し、心に宿るのである。その余韻は立体映像を見るように鮮明であり、ボディブローのように後から効いてくる。わざわざイベントによってメッセージを伝達しようとする狙いは、この効果を利用することであることを理解してほしい。同時にテレビや新聞などのマスメディアと役割分担をすれば、効果は一層高まり、イベントは大成功する。これがスペースメディアの特性なのである。

洞爺湖サミットに出席したG8首脳。

スペースメディアのメッセージプロセス

従来のコミュニケーションの伝達モデルとして古くからよく言われてきたものに「ＡＩＤＭＡ（アイドマ）の法則」がある。これは「消費者行動」のプロセスに関する仮説である。消費者がある商品を知りそれを買う行動に至るまでのコミュニケーションに対する反応プロセスとして有名な法則である。

ＡＩＤＭＡの法則とは、Attention（注意）→Interest（関心）→Desire（欲求）→Memory（記憶）→Action（行動）の頭文字をとったものである。

ＡＩＤＭＡモデル	
①認知段階	Ａ:Attention（注意）
↓	Ｉ:Interest（興味、関心）
②感情段階	Ｄ:Desire（欲求）
↓	Ｍ:Memory（記憶）
③行動段階	Ａ:Action（行動）

たとえば買って欲しい商品があるとしよう。

①まず消費者にこの商品を知ってもらう
②客はそれに興味があれば関心を示し、そして欲しくなる
③欲しくなったものは記憶に残り、次の段階で機会があれば買う行動に移る

売るほうは、このようなプロセスに応じて計画を立てる。ＡＩＤＭＡは、このようなマーケティング戦略のモデルとして利用されている。

イベントや空間演出の実施の目的は、主催者側が入場者やお客さまにメッセージを伝達するために行なうものである。そしてそれがなくてはイベントや空間演出を実施する意味がない。私は、以前からその伝達の構造プロセスを「ＡＩＤＭＡモデル」に準じてつくり出し、日ごろの企画やプレゼンテーションとして活用してきた。それが「ＡＩＴＥＣ（アイテック・愛テック）」と称するものである。

ＡＩＴＥＣモデル

①認知段階	広報、口コミ・パブリシティ	A :Attention（注目）
↓	内容、質、人気度	I :Interest（興味）
②思考段階	想像力、思考が行動を起こす	T :Think（思考）
↓		
③感情段階	ある基準を超えたとき感動に変わる	E :Emotion（感動）(Impression)
↓		

④理解段階　　メッセージが伝達でき理解しようとする　C:Communication(理解)

博覧会のパビリオンを例にして、具体的にAITECのプロセスを説明してみよう。博覧会に出展されるパビリオンの背景には出展者の意義や趣旨そしてメッセージが存在する。そのメッセージを入館者に伝達し理解していただいてこそ出展の意義、目的が達成される。そのプロセスを段階的に説明すると、次のようになる。

まずそのパビリオンが、

①楽しい、面白い、見る価値があると評判になり、口コミで広まりマスコミに注目される(Attention)ことが絶対重要である。そのためには全知全能をつくして企画し、つくり出された高度な演出への話題性が高まる(Interest)ことが必要である。そして、参加者がこの新しい経験を楽しみ、喜びを感じなければならない。五感を追求する遊園地やテーマパークはこのレベルまでが求められる。

②次にその楽しさや面白さのなかに、入館者が考えたり想像したりする要素(Think)がうまく仕込まれていなくてはならない。

③そして、その内容が優れていれば心に響き、心のひだに染みこみ始める。次に感動という状態(Emotion,Impression)に変わる。感動した人間は謙虚になる。聞く耳をもつ。

④こうして出展者側とお客さまの双方で、本当の意味のコミュニケーションがスタートす

る。お客さまは、メッセージを伝える側の真意を探りたくなり、理解する努力をする。この段階で、やっとメッセージが伝わる環境ができた（Communication）と言える状況になる。そのメッセージは脳裏に焼きつき、理解され真のパートナーやファンになる。これが「スペースメディアの伝達構造」である。

そして、「このイベントはこんなことが言いたかったんですね」「この企業はこんなことを考えているんですね」、と謙虚に考え始める。ここからやっと主催者側のメッセージが伝わり始める。感動まで達することにより、イベントは満足できる成果を出す。感動がなければ、メッセージは右から左へ流れてしまうのである。

テーマパークとは

「テーマパークとは？」とあらためて聞かれると、明確に答えるのはむずかしい。一言で言えば、アメリカで生まれた「大型の娯楽施設」となるだろう。「テーマパーク」は「テーマ（題材）」のあることが、単なる「遊園地」と違うと言えるが、「テーマパーク」と「遊園地」の境界線は明確なものではない。

「テーマ」として使われている題材の例としては、さまざまな国やその国の文化（たとえばスペイン村とかドイツ村など）、物語、映画、歴史、キャラクターなどのわかり易い特徴を題材にしたところが大半である。そしてその「テーマ」をパーク内のアトラクションや環境づくりに徹底してつくりこみ、その「テーマ」で入場者が堪能する空間をつくりあげた時が成功の要件の一つにはなる。

しかし最大のポイントは「リピート力（繰り返し来場する魅力）」をもてるかどうかである。テーマパークのみならず、常設の集客施設は、たとえば遊園地、水族館、動物園などは、どこもリピート客が命である。ここに事業の成否に関わるいちばん重要な点がある。「テーマ」は絶対的なものではない。お客さまにとっては関心をもつきっかけだったり、もしくは話題づくり程度のものである。たとえば「テーマ」が「国」の場合、「スペイン村」か「ドイツ村」か「オランダ村」かの内容の違いがあるが、スペインだから行くとかドイツだから行かないということではない。「テーマ」が、1回目の来場動機、行動を起こすきっかけにはなっても、2回、3回と行きたいという魅力をもつ素材にはなりにくいことはすでに知られている事実である。

つまり、来てよかったとか、堪能したとか、もう一度来てみたいと思うかどうかの魅力は「テーマ」ではないのである。空間の演出、従業員の対応、立地、新鮮さなどのすべてが総合的に満足されてこそ、もう一度行ってみたい気持ちが高まり、再来場のきっかけになり、総合的な魅力づくり、ファンづくりになるのである。

そうは言っても「テーマパーク」は、その名のとおり、企画段階において明確で魅力的な「テーマづくり」が求められる。施設の統一性、デザイン性、ユニーク性、PR性など、

関西
アドベンチャーワールド（和歌山県西牟婁郡白浜町）
石部宿場の里（滋賀県湖南市）—東海道石部宿
エキスポランド（大阪府吹田市）（休園中）2009 年 9 月再開予定
東映太秦映画村（京都府京都市）—映画（主に時代劇）
淡路ファームパーク イングランドの丘（兵庫県南あわじ市）—動植物とのふれあい
キザクラカッパカントリー（京都府京都市伏見区）—黄桜
神戸花鳥園（兵庫県神戸市）—花と鳥
太陽公園（兵庫県姫路市）— 万里の長城、兵馬俑、ノイシュヴァンシュタイン城など
神戸市立フルーツフラワーパーク（兵庫県神戸市）—花と果実
神戸ワイン城（兵庫県神戸市）—ワイン
道頓堀極楽商店街（大阪府大阪市道頓堀）
ポルトヨーロッパ（和歌山県和歌山市）—地中海の港町
マリンピア神戸（兵庫県神戸市）—人と海と魚のふれあいの場
ユニバーサル・スタジオ・ジャパン(USJ)（大阪府大阪市此花区）—ハリウッド映画
淡路ワールドパーク ONOKORO（兵庫県淡路市）—世界の町のミニチュア
中国・四国
燕趙園（鳥取県湯梨浜町）—皇家園林方式の中国庭園
ゲゲゲの妖怪楽園（鳥取県境港市）—ゲゲゲの鬼太郎と妖怪
鷲羽山ハイランド（岡山県倉敷市）—山上の遊園地
おもちゃ王国（岡山県玉野市）—おもちゃ（玩具博物館）
美川ムーバレー（山口県岩国市）
みろくの里（広島県福山市）
四国ニュージーランド村（香川県仲多度郡まんのう町）—ニュージーランド
四国村（四国民家博物館）（香川県高松市）—日本の古建築（江戸時代の民家を中心とする）
二十四の瞳映画村（香川県小豆島町）—映画・小説「二十四の瞳」
ニューレオマワールド（香川県丸亀市）—タイ、中世、温泉、おもちゃ王国
ベネッセアートサイト直島（香川直島町）—現代美術
香美市立やなせたかし記念館（高知県香美市）—やなせたかし、アンパンマン
九州
あぐりの丘（長崎県長崎市）
阿蘇ミルク牧場（熊本県阿蘇郡西原村）—牧場体験
阿蘇ファームランド（熊本県阿蘇郡南阿蘇村）
有田ポーセリンパーク・のんのこの郷（佐賀県西松浦郡有田町）—有田焼・工房体験・酒蔵
ウルトラマンランド（熊本県荒尾市）—ウルトラマンなど円谷プロの作品
カドリードミニオン（熊本県阿蘇市）—クマなどの動物とのふれあい
薩摩金山蔵（鹿児島県いちき串木野市）—焼酎
スペースワールド（福岡県北九州市八幡東区）—宇宙
鷹島モンゴル村（長崎県松浦市）
どんぐり村（佐賀県佐賀市）
ハーモニーランド（大分県速見郡日出町）
ハウステンボス（長崎県佐世保市）—オランダを含むヨーロッパ
肥前夢街道（佐賀県嬉野市）—忍者を含む江戸時代
フェニックス・シーガイア・リゾート（宮崎県宮崎市）
ワンちゃんとゆかいな動物広場（熊本県荒尾市）—犬とのふれあい

神戸ワイン城

※ 2009 年 8 月 8 日現在

●日本の主なテーマパーク一覧

北海道・東北

秋田ふるさと村（秋田県横手市）
猪苗代緑の村（福島県猪苗代町）
えさし藤原の郷（岩手県奥州市）—平安時代
石炭の歴史村（北海道夕張市）
とうほくニュージーランド村（岩手県奥州市）—ニュージーランド
伝承園（岩手県遠野市）—遠野地方の民俗
遠野ふるさと村（岩手県遠野市）—江戸時代の農山村
とおの昔話村（岩手県遠野市）—遠野地方の民話
登別伊達時代村（北海道登別市）
みちのく民俗村（岩手県北上市）—江戸時代の農山村

とうほくニュージーランド村

関東

ウェスタン村（栃木県日光市）—西部開拓史（休園中）
江戸崎農業公園 ポティロンの森（茨城県稲敷市）
サンリオピューロランド（東京都多摩市）
つくばわんわんランド（茨城県つくば市）
東京ディズニーランド（千葉県浦安市）—夢と魔法の王国
東京ディズニーシー（千葉県浦安市）—冒険とイマジネーションの海
東京ドイツ村（千葉県袖ケ浦市）—ドイツ
東京ドームシティアトラクションズ（東京都文京区）
秩父ミューズパーク スポーツの森（埼玉県秩父市久那）
東武ワールドスクウェア（栃木県日光市）—世界の建造物のミニチュア
ナムコ・ナンジャタウン（東京都豊島区）
日光江戸村（栃木県日光市）—江戸時代
三日月村（群馬県太田市）—江戸時代
むさしの村（埼玉県加須市）—遊園地、牧場、農園、プール、宿泊施設等
ユネスコ村大恐竜探検館（埼玉県所沢市）—250頭もの恐竜がリアルに動く。2006年閉館
ワープステーション江戸（茨城県つくばみらい市）

東武ワールドスクウェア

北陸

とやま・ふくおか家族旅行村（富山県高岡市）
立山博物館（富山県中新川郡）—立山信仰
芝政ワールド（福井県あわら市）—日本海と芝生の遊ぶテーマパーク

東海

伊勢・安土桃山文化村（三重県伊勢市）—安土桃山時代
掛川花鳥園（静岡県掛川市）—花と鳥
志摩スペイン村（三重県志摩市）—スペイン
名古屋港イタリア村（愛知県名古屋市）—イタリア
日本大正村（岐阜県恵那市）—大正時代
日本昭和村（岐阜県美濃加茂市）—昭和時代
虹の郷（静岡県伊豆市）—イギリス、カナダ
博物館明治村（愛知県犬山市）—明治時代
ラグナシア（愛知県蒲郡市）—海
リトルワールド（愛知県犬山市）—世界各国

明治村

他の施設との差別化が必要だからである、これが中途半端だと単なる大型レジャー遊園地にすぎないことになる。

ちなみに偉大なる「テーマパーク」である「ＴＤＬ（東京ディズニーランド）」は施設の「名称」である。「テーマ」は「魔法と夢の王国」ということになるだろうが、決して特化した「テーマ」ではなく当たり前の「テーマ」である。すなわち「テーマ」が人を呼んでいるわけではなく、施設の内容すべての魅力が集客要素であることがおわかりになるだろう。

いままでつくられた日本の「テーマパーク」の大半はすでに消滅している。飽きっぽい日本人をリピート客として呼び込み、継続していくためには、新しいアトラクションを数年ごとに投入して新鮮味を出していくことが必要である。いわゆる再投資を続けていく体力勝負になる。これはテーマパーク事業の宿命であり、むずかしさと言えるだろう。

伊勢神宮はテーマパーク

伊勢神宮をテーマパークととらえると、さまざまな面白いことが浮かび上がってくる。伊勢神宮は約２０００年前に建立された建物である。その当時から江戸時代初期まで、人も容易に往来できなかった伊勢の地にひっそりと佇んでいた。だが、１６５０年ころから急に火がついた。関所があったり、手形が必要だったり、旅をするのがむずかしい

1700年ごろ（第5代将軍、徳川綱吉の時代）には、年間300万人以上（当時の日本の人口が約2800万人）がお伊勢参りに行ったという記録が残っている。壮大な計画をつくり、ブームに火をつけた天才イベントプロデューサーがいたのだろう。毎年、全国津々浦々から、かわるがわる町内会代表が参加する「お蔭参り」という仕組みをつくったのである。いつかは自分も村や地域の代表として一生に1度はお伊勢参りにあやかりたいと、お伊勢参りの番が回ってくることを指折り数えていた庶民の気持ちを、「生きがい」そして「夢」として育てたのである。火つけプロデューサーは江戸の商人という説もある。

遠い国への旅立ちに大きな負担となる費用については、地元から餞別を生み出すシステム（お伊勢講）をつくった。盛大な見送りを受けて出発した庶民は、街道沿いの宿泊などでその費用を使い、またお伊勢さまへのお榊代、帰りのお土産にもたっぷりお金を使い、長い旅をした。ちなみに江戸から伊勢まで15日くらいかかったという。現代のテーマパークのように入場料（木戸銭）は不要だが、全国の街道沿いにたくさんの費用をおとす構造がつくられたわけである。畏れ多いが、このお伊勢参りを、伊勢神宮を核とした「日本国テーマパーク」と考えるとさらに面白い。

同様に、四国の八十八ヵ所巡りも四国の活性化を計画して、四国の隅々にまでお遍路さんが回遊するように考えられたシステムであると考えたら面白い。全国から人を集客する、未来永劫に続く壮大で陳腐化しないみごとな集客装置である。八十八ヵ所の霊場は、平安時代前期の800年ごろ、弘法大師が人々の災難を除くため開いたと言われている。

伊勢神宮（内宮）外観（右）とお伊勢参りに欠かせなかった参宮街道絵図。街道沿いには、今も当時のおもかげが残っている。

正装したお遍路さん。

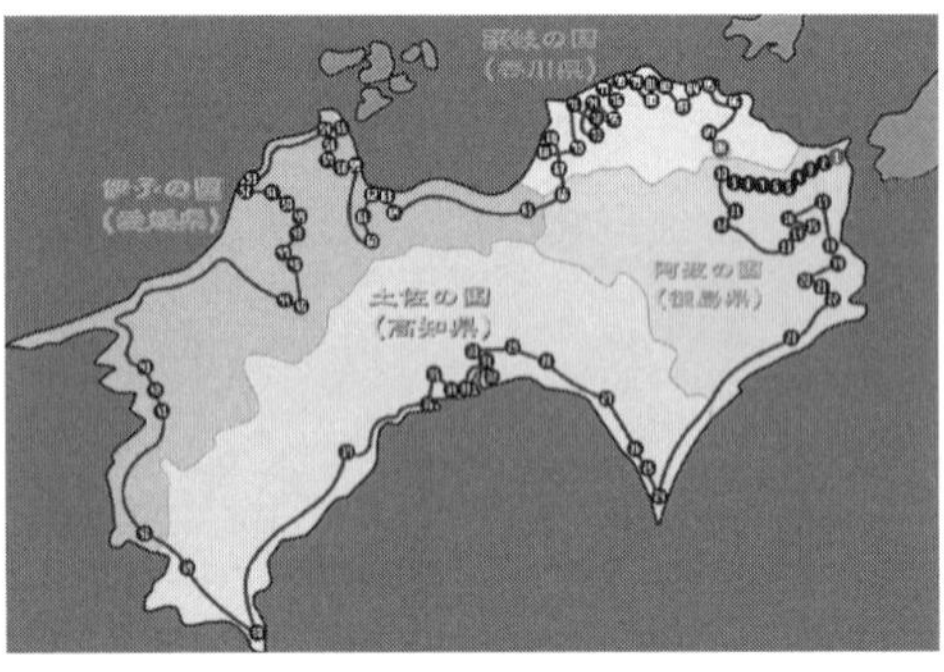

四国八十八ヵ所巡りは4コースに分かれている。

現代においてもなお、お伊勢参りは数百年、八十八ヵ所巡りは1200年にもわたり、魅力をもって現代人に引き継がれている。小手先の考えだけでできるシステムではない。現代でいうところの官民あげての大国家プロジェクトと言える。八十八ヵ所巡りを創案した弘法大師は天才プロデューサーでもあったのである。

このことは、現在ブームとなっている「地域起こし、街起こし」を考える際にも大いに参考になる。長期にわたって地域に定着するものは何か、魅力とは何か、時代とともに陳腐化しない心を動かす仕掛けになっているかどうか、などを基本に発想すべきである。当然ながら、心からの喜び、また生きている価値と感動を生みだすものが成功するポイントとなるのは言うまでもない。

ディズニーランドには現代のビジネスが凝縮している

「ディズニーランド」は、今なお成長している最高のエンターテイメント企業である。日本ではもちろん、世界でもテーマパークとして成功している。その成功の秘訣は、多くの本に書かれ出版されている。それらを一読すれば、なるべくしてなったことがよくわかる。そして、その秘訣は一般企業にも大いに参考になる。

ウォルトディズニーがまだ20代だった1928年、ミッキーマウスで映画界に旋風を起こした。それ以来、彼の想像力は誰よりも一歩先を読み、人間の本質を研究してきた。その結果が「完全なサービスの提供」であった。このすばらしいサービスを受容した人々は、その感動を鮮明に記憶し、次の行動へとつなげていった。すべてのビジネスの秘訣はこれに通じていると言っていいだろう。

ディズニーランドには感動がつまっている。そして、ディズニーランド成功の原点は約9割のリピート客にある。リピートするたびにお客さまへ新たな感動を提供している。今まで撤退したテーマパークは再来場したいと思う感動を与えることができなかったからである。だが、感動を継続するのは並大抵のことではない。計算しつくされた運営とサービス（ホスピタリティ）に加え、心に訴求する演出の両面が完璧に備わっていなくてはならないからである。

たとえばキャストと言われる従業員が、1人でも入場者に不快な感じを与えたらもう感動を与える条件の一つはなくなってしまう。そのすばらしいと言われる行動の一つが、よく言われるごみ拾いのアクションである。お客さまの気にならず、嫌味にならず、そして、さりげないパーフォーマンスは絵になる。相当な期間のトレーニングがなくてはできない。過去、ごみ拾いにこれまで力を入れるレジャー施設があっただろうか。ここにディズニー思想の原点が垣間見える。完全で徹底した従業員教育から成り立っているのである。

通路にはゴミ箱が8メートル間隔で設置されている。8メートルの根拠は人間がゴミをもって歩いた時、生理的に許される距離と時間と言われている。徹底した人間工学の研究成果から落とし込まれたきめ細かい計画にもとづいている。直接のアトラクションでない面にもこのような配慮がなされ、それが心地よい空間をつくり、感動づくりにつながっているのである。

この細かいサービス（ホスピタリティ）の重要性に多くの企業が気づいた。現在、「ディズニーサービス」の思想を学ぶため、同社が主催するアカデミーが開催されていると聞く。ディズニーにとっては多角化経営の一つであるが、企業にとっては、生き残りをかけてこのノウハウを知るチャンスになっている。

新技術発表の場から娯楽型へと変貌した博覧会

博覧会をひも解いてみよう。日本では1970年の大阪万博の記憶が強いが、世界的には、1851年、ロンドンの「第1回ロンドン博」が国際博の歴史のスタートである。25ヵ国が参加して当時の大英帝国の強さを見せつけた。

その後しばらくは、ロンドンとパリが競い合うように開催した。スタート時から数十年というものは、国の威力、威光すなわち国威発揚が博覧会の主目的だった。また、産業革命の当事国として多くの産業製品を世界にお披露目する場でもあった。ガラスの建物、蒸気機関車、エレベーターなどに、当時の人々は度肝を抜かれたに違いない、人類の知恵を

第2回パリ万博を訪れた幕府の公式使節団一行。1867年4月5日、マルセイユで撮影されたと言われている。

垣間見るイベントだった。博覧会の根底に流れているものは、時代の役割を担い、「未来につながる夢」そして、その時代の「人類へのメッセージ」を、当時の世界のリーダー国として世界の人々に提示するものでもあった。

日本は1867年（慶応3年）の「第2回パリ博」から参加した。激動の明治維新の直前に出展国としてパリに出張したちょん髷姿の日本人を私は誇りに思う。日本は、日本刀、陶器、農産物などを展示した。

1889年の「パリ万博」ではエッフェル塔が建設された。会場内には既に「動く歩道」が設置され、利用されている記録映画も残っている。3000万人が訪れた大博覧会だった。その後しばらくは、国威発揚や産業、新技術の発表の場が続いたが、1960年代のニューヨーク博覧会ごろから様相が変わり、現在の原型が姿を現し始め、アミューズメント型(娯楽型)になっていったのである。

1970年、アジアで初めての国際博覧会が開催さ

●過去の万国博覧会

1851年	英国・ロンドン	ロンドン万国博覧会	国際博覧会の始まり
1853年	米国・ニューヨーク	ニューヨーク万国博覧会	
1855年	フランス・パリ	パリ万国博覧会	初めて万国博覧会と称す
1862年	英国・ロンドン	ロンドン万国博覧会	日本の遣欧視察団が視察
1867年	フランス・パリ	パリ万国博覧会	日本初出品、幕府、薩摩、鍋島が参加
1873年	オーストリア・ウィーン	ウィーン万国博覧会	日本政府として公式参加
1876年	米国・フィラデルフィア	フィラデルフィア万国博覧会	米国独立100周年
1878年	フランス・パリ	パリ万国博覧会	エジソンの蓄音機、自動車、冷蔵庫などが出展
1889年	フランス・パリ	パリ万国博覧会	エッフェル塔建設
1893年	米国・シカゴ	シカゴ万国博覧会	空中観覧車登場
1900年	フランス・パリ	パリ万国博覧会	地下鉄、動く歩道登場
1904年	米国・セントルイス	セントルイス万国博覧会	
1915年	米国・サンフランシスコ	パナマ・太平洋万国博覧会	第1次大戦勃発
1925年	フランス・パリ	パリ万国現代装飾美術工芸博	
1926年	米国・フィラデルフィア	フィラデルフィア万国博覧会	
1930年	ベルギー・リエージュ及びアントワープ	万国科学工業海洋殖民博覧会	
1931年	フランス・パリ	パリ植民地殖民地博覧会	
1933年	米国・シカゴ	シカゴ万国博覧会	進歩の一世紀 テーマが始めて登場
1935年	ベルギー・ブリュッセル	ブリュッセル万国博覧会	民族を通じての平和
1937年	フランス・パリ	パリ万国博覧会	近代生活における芸術と技術
1939年	米国・サンフランシスコ	サンフランシスコ万国博覧会	平和と自由
1939～40年	米国・ニューヨーク	ニューヨーク万国博覧会	明日の世界と建設 ナイロン、プラスチック、テレビなどが登場
1958年	ベルギー・ブリュッセル	ブリュッセル万国博覧会	科学文明とヒューマニズム
1962年	米国・シアトル	21世紀大博覧会	宇宙時代の人類
1964～65年	米国・ニューヨーク	ニューヨーク世界博覧会	理解を通じての平和
1967年	米国・モントリオール	モントリオール万国博覧会	人類とその世界
1968年	米国・サンアントニオ	ヘミス・フェア世界博覧会	米大陸における文化の交流
1970年	日本・大阪	日本万国博覧会	人類の進歩と平和
1974年	米国・スポケーン	スポケーン国際環境博覧会	汚染なき進歩
1975年	日本・沖縄	沖縄国際海洋博覧会	海－その望ましい未来
1982年	米国・ノックスビル	ノックスビル国際エネルギー博覧会	エネルギーは世界の原動力
1984年	米国・ニューオルリンズ	ニューオルリンズ国際河川博覧会	川の世界－水は命の源
1985年	日本・筑波	国際科学技術博覧会	人間、居住、環境と科学技術
1986年	カナダ・バンクーバー	バンクーバー国際交通博覧会	動く世界、ふれあう世界
1988年	豪州・ブリスベーン	ブリスベーン国際レジャー博覧会	技術時代のレジャー
1992年	スペイン・セビリア	セビリア万国博覧会	発見の時代
1992年	イタリア・ジェノバ	国際船と海の博覧会	クリストファー・コロンブス：船と海
1993年	韓国・大田	大田国際博覧会	発展のための新しい道への挑戦
1998年	ポルトガル・リスボン	リスボン国際博覧会	海洋—未来の富
2000年	ドイツ・ハノーバー	ハノーバー博覧会	人間、自然、技術
2005年	日本・名古屋	愛・地球博	自然の叡智
2008年	スペイン・サラゴサ	サラゴサ万国博覧会	水と持続可能な開発
2010年	中国・上海	上海国際博覧会	ベターシティ ベターライフ
2012年	韓国・麗水（ルス）	韓国世界博覧会	生きている海呼吸する沿岸(予定)

れた。「大阪万博」である。この博覧会は、1964年の東京オリンピックに次いで日本人が国際化に向けてスタートしたトリガーとなったのは間違いない。実に6400万人の入場者があった。

その後も海外において頻繁に博覧会が開催され、さまざまな展示技術が開発された。私も、運よくほとんどの海外博覧会を見る機会に恵まれたが、いつも、目を見張る展示演出技術、なるほどと思う仕掛けに、行くたびに驚嘆した。また、1980年代には映像技術もピークを迎え、巨大スクリーンのアイマックス、立体映像に腰を抜かした。その後は映像博覧会と言われる時代が続き、どのパビリオンも映像を売り物にした。だが、その安易さに最近は飽きがきている。

博覧会とは未来へ向けた人類のメッセージである

国内では、これまでさまざまな博覧会が催されてきた。そして、1990年代半ばの地方博を最後に博覧会は終焉したと言われた。それからしばらく経った2005年、愛知万博「愛・地球博」が危ぶまれながらスタートしたが、みごとにその不安をくつがえした。2200万人（予想は1500万人）もの多くのお客さまが名古屋市東部の丘陵に出かけてきたのである。これを機にまた博覧会のよさと価値が少しずつ見直されている。日本における博覧会は、これからは少しずつ形を変えて存続していくだろう。世界的には2010年5月、過去最大規模の上海国際博覧会が中国で開催されることになっている。

博覧会は期間限定の大量動員・集客装置である。入場者にはその時代の最も強烈なできごと、またある種の偉大な実験が目の前で繰り広げられているのを目にする機会であり、未来に向けて、さまざまな期待と可能性を訴求するものである。

私は、これまで国内外の多くの博覧会を見てきた。そして同時に、多くのパビリオンのプロデュースを行ない、そこで、さまざまな人々と出会い、国民性や、地域性の違いを経験した。そして、得た結論は、「世界のすべての人はお祭り好き」であるということ、またこのことを、うまく利用し博覧会を壮大な集客装置、スペースメディアととらえ、メッセージを効果的に仕組めば、世界中の人々に途轍もない「夢と希望」を与えることができる、ということである。

夢舞台である博覧会場で脳裏に焼きつけられたできごとは、来場者の一生の思い出となり、その後の「人生」や「未来の社会」をも決める可能性をもっている。

博覧会は、主催者や出展者側が全知全能をつくして企画創造したものである。来場者側にとっては「見たこともない」「経験したこともない」大きな衝撃を得る機会である。大げさに言えば「人類の未来への可能性」を提示する大実験場が体験できる「場」に遭遇できることにほかならない。

博覧会は一般的に数ヵ月から半年で終了する。だが、博覧会の「目的」はそこで終わりではない。終了後から、改めて未来に向かう。終了時が目標達成へのスタートラインなのである。博覧会を成功させるには、どのように未来に引き継がれ、結晶していくか、未来の世代からどのような評価を受けるかという視点で考えることが重要である。博覧会は時空を超えた大ロマンシアターなのである。

開催することが目的だった地方博ブーム

博覧会にとって重要なことは「開催することは目的ではなく手段」ということである。大仕掛けの集客装置を使い、お客さまに「何を訴求し、何を目指し、何を得るか」ということが明確に提示され、訴求され、そして終了時にはこの視点で評価、検証されなくてはならない。過去の大半の博覧会は、形だけの「テーマ」「メッセージ」を掲げ、これらがないがしろにされてきたものが多かった。

日本国内でも1988、1989年に地方博覧会ブームが起こり、全国各地の約30ヵ所でいっせいに開催された。その時、全国の地方自治体は、「市制100周年事業」の記念イベントを安易に「博覧会」と名づけた。先に記したように、私は、博覧会には「何を訴求し、何を目指し、何を得るか」がなくてはならないと定義している。その意味で、地方自治体が開催した市制100周年の記念イベントは単なる「記念の祝祭」でしかなかった。

予定の入場者確保に失敗して赤字を出した自治体も多かった。本来の博覧会にとってもその後のイメージダウンにつながり、残念ながら、今でもその後遺症が残っている。

博覧会は開催することが「目的」でなく「手段」であることを理解することが絶対である。博覧会という大イベントが明快な目的をもって実行され、成功したあかつきには、大きな財産が残る。財産にはインフラなどの有形なものもあるが、いちばん大きなものは、人々の心に残る「喜び」「感動」「団結心」「活力」などが、巨大なエネルギーとなって次の世代に伝達されることである。それは「輝かしい未来」「期待できる明日」「未来の夢」を感じさせる。

第1章の「イベント評価の九つの原則」で述べたように、博覧会を確固たるものにするには、主催者が開催決定時点で、何のためにやるのか、何が達成されたら意義があるのか、問題点をさまざまな視点でピックアップし、あらかじめ終了時の評価する項目を評価基準としてつくり、明文化しておくことが重要である。しかし残念なことに、これがほとんどなされていない。開催中はお客さまの毎日の入場者数だけに目が行き、終了後は収支決算と総入場者数だけが評価として取り上げられる。そして関係者は解散する。わざわざ来場されたお客さまの心に何を残せたか、何を伝達できたかなど、いちばん重要なものが評価されない無責任な博覧会が多い。

もう1度繰り返しておく。博覧会をうまく利用すればお客さまの心に大きな財産が長く残る。このことをいちばん大事に考えなければ博覧会開催の意味がないのである。

博覧会の収支決算

博覧会の主催者は、一般的には国や地方自治体などの公共機関が中心である。これに加え商工会議所や、企業、各種団体などの複数の連合組織体が一般的である。そのため責任の所在が不明瞭になりやすく分散されやすい構造になっている。

過去の博覧会資料を見ると、開催のための総事業費は一般的には次のようになっている。支出は会場建設費や運営費（企業出展館の費用は企業側負担のために計上されない）。収入は、入場者収入が50～60％、他は補助金や参加企業からの出展スペースの借地代などがある。つまり、博覧会収支には入場者収入が大きな割合を占めている。入場者予定数は事前に発表されるが、ときには、この収支バランスの実態とかけ離れた多めの入場予定者数が強引に設定されていることがある。

したがって、博覧会の成功、不成功は、一般的にこの入場者数と収支に注目がいくことになる。数ヵ月から半年の開催期間でこれらの費用を回収するには、異常な数のお客さまの動員が必要になる場合もあり、前売り入場券の販売も強引にならざるを得ない。関係者には買い取り割り当てがあり、その強引な売り方もよく問題になる。とくに企業への割り当てはきつく、大きな負担になっている場合も多い。

一般的には入場予定者の30％くらいが前売り券として売られる。大きな企業や地元で出展を要請された企業は、展示出展制作費、参加料に加え、前売り券割り当てなどの費用負担が大変なものになる。したがって出展するには出展する価値がなくては意味がない。つき合いで出るなら止めるべきである。

愛知万博になぜ人が集まったのか

市制導入100周年を記念して安易に開催された地方博の大半が、イベントに目の肥えはじめた入場者であるお客さまやマスコミから叩かれた。そして、1990年の国際博「大阪花博（国際園芸博）」、その後の「信州博」、「山陰・夢みなと博」など数件の国内博はあったものの休眠状態になった。

しかし、2005年、国内での国際博としては15年ぶりに開催された愛知万博「夢・地球博」は予想以上の人を集客し、博覧会は生きていたことを実感させられた。

ただしスタート時点はお客さまの出足が悪く、一時は危ぶまれた。だが途中から急に入場者が増え始め、当初予定の1500万人が最終的には2200万人の入場者数に達した。何故、人が集まったか？　専門家が分析したが明快な解答は見つからなかった。しかし、博覧会は死んでいなかったことだけは証明された。トヨタを中心に地元企業の努力で前売り券が相当売れていたのはたしかである。だが、必ずしも前売り券が売れたから、その

入場者数2000万人を超えた愛知万博。入り口付近の混雑ぶり。

数だけ来場するとは限らないのが博覧会である。過去にも入場券がタンスに眠ったまま終わった場合も多くあった。

私なりに分析すれば、想定される原因がいくつかある。まずはお弁当問題である。当初はもち込み禁止だったが、当時の首相小泉氏が弁当もち込み賛成を訴えた。新聞やテレビも大きく取りあげ、世間も面白がって話題になった。社会の目がちょっと博覧会へ向き始めたのである。案外そのようなことがきっかけで人が動き出すのも博覧会である。

また、2005年はオリンピックやワールドサッカーなどの大きなイベントもなかった。世界各国でテロが発生していたため、海外旅行を手控える動きもあり、天候もまあまあだった。このようなさまざまな要因が複合的に働いたようである。だが、やはりこれはという明快な原因は見出せない。博覧会の内

朝日17年4月23日 朝夕 ①

愛知万博 やっと客足

愛知万博（愛・地球博）は25日で開幕から1カ月。当初の「弁当持ち込み禁止」もあって低調なスタートだったが、春の陽気とともに入場者数は伸びつつある。それでも、これまで10万人の大台に乗った日はゼロ。「目標来場者1500万人」達成に向け万博協会の模索が続く。（水山和敏）

愛知万博の会場で弁当を広げる家族連れ

開幕1カ月

弁当OK・高齢者優先し整理券
届くか「1日10万人」

土曜フォーカス

■JRも懸命

目標達成には1日平均で8万1千人の入場が必要。22日までの29日間の累計入場者数は195万1800人余なので平均すると、約6万7千人。23日午前には200万人を突破したものの、かなりよろよろした出足だ。

だが、万博協会の中村利雄事務総長は21日の定例記者会見で「出だしは少なかったが、想定以上の人出となっている。1500万人（達成）に向け、『負債』は返済し、『貯金』に入っている」と、強気の発言をした。というのも、16日からは4日連続で8万人以上となっているからだ。「目標達成はかたい」（協会幹部）と自信を深める。

後手に回っているとはいえ、「弁当持ち込み禁止」問題では手作り弁当に限って解除したほか、人気の冷凍マンモスがあるパビリオンでは高齢者に優先的に整理券を配るなど、集客力を高める改善策を打ち出している。

万博協会だけではない。会場にリニア館を出展するJR東海は、てこ入れのために首都圏からの「のぞみ」を使った日帰りツアー1切符を売り出した。5月の2、4、6、7日限定だが、交通費だけでみれば約半額という破格の安価。首都圏からの入場者が伸びなければJR東海の営業にも響くからだ。

■ワニ味人気

会場を見渡すと、企業パビリオンの人気は依然衰える気配はない。ロボットショーがあるトヨタグループ館や最新の映像技術を体感できる日立グループ館などは、1、2時間待ちが当たり前。長い待ち時間を嫌う客たちは、ずっと入れる外国館めぐりをしているようだ。入場者に「並ばずに楽しめるパビリオン」を挙げてもらうと上位にはイタリアなど外国館がならんだ＝「一目でナビ」。最近では、オーストラリア館で売られる「ワニロール」がちょっとした人気だ。普通のサンドイッチに見えるが、中の肉はワニ。あまりの売れ行きに、肉を本国から追加で緊急輸入したほど。

■地元の「敵」

それでも、名古屋のライバルたちの存在も無視できない。

JR名古屋駅近くでは、人気アニメのポケットモンスターの世界初の遊園地「ポケパーク」が3月から開かれている。週末は親子連れが殺到し、乗り物は2時間待ちになることも。

愛知万博に合わせて名古屋城内で開かれている「新世紀・名古屋城博」（名古屋市などが主催）では、金のシャチホコが城の屋根から下ろされ、400年の歴史で初めて、市民にペタペタと触られている。いずれも万博との相乗効果を狙った動きだが、必ずしも連動していない。名古屋市の調査では「新世紀・名古屋城博」の来場者のうち、愛知万博を訪れたのは約3割にとどまっていた。同市は「まずまずの数字」と喜んでいるが、万博協会幹部の心中は穏やかではない。

100人に聞きました
並ばずに楽しめたパビリオンベスト5 一目でナビ

1位 イタリア館（19人）
約2400年前の古代ギリシャのブロンズ像「踊るサテュロス」を国外で初めて展示。ホールは地中海をイメージしている

2位 韓国館（11人）
5月11日のナショナルデーには、韓流スターが来日予定だが、「だれが来るかは、まだ秘密」（同館）

3位 ワンダーサーカス電力館（10人）
電車型乗り物で、宇宙や天空などを巡る。58歳の男性客によれば「ディズニーファンタジーのよう」

4位 大地の塔（9人）
高さ約47メートル。世界最大の万華鏡。藤井フミヤさんが総合プロデュース

4位 トルコ館（9人）
幾何学模様の展示物が美しい

4位 英国館（9人）
展示スペースの半分を使い、伝統的な庭園を再現

（来場者100人に、「あまり並ばずに楽しめたパビリオンを五つまで挙げてください」と聞いた）

万博会場でお弁当を楽しむ家族の姿を伝える新聞記事。

愛知万博電力館前。140分待ちの風景。

容が充実し、お客さまに満足していただくことは絶対であるが、1度なにかのきっかけで流れが起これば、止まらなくなるのも群集の心理であり、イベントの恐ろしさでもある。

感動を与えるパビリオンとは

それぞれのパビリオンは、出展側のメッセージをお客さまに伝える使命をもっていることは既に述べた。そのために、さまざまな企画や演出方法が考えられるが、私は常に「感動を与える」企画によってメッセージを印象深く伝えようとしてきた。

感動したお客さまは心を開いてくれる。聞く耳をもってくれる。その時、はじめて出展者側と同じ目線になっていただける（前述のスペースメディアのメッセージプロセスを参

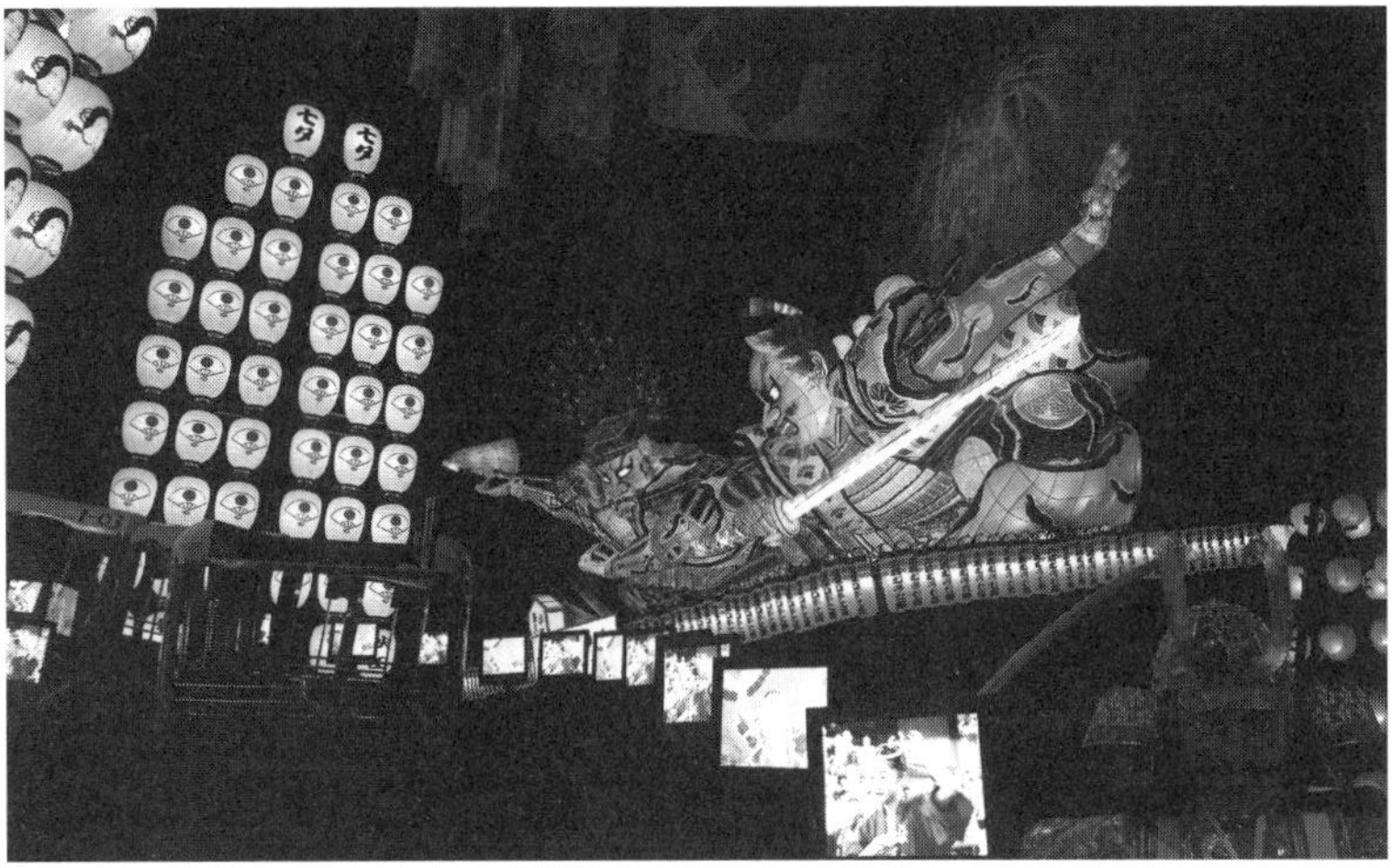

電力館内景

照）。

くどいようだが、この段階に達するプロセスは、まず出展者側からのメッセージに目を向けていただく→興味をもっていただく→その興味の内容を考えていただく、である。

思考回路に入って行くこの段階を経てこそ、感動を生む機会が生じる。感動の域に達した時、お客さまは理解しようと心を開く。これが博覧会におけるメッセージ伝達の重要なステップなのである。理解し納得まで進めばパビリオン出展の使命が十分果たせたことになる。私はその考えでパビリオンをつくり続けてきた。

お客さまから「素敵でした」「よかった」「ありがとう」などの言葉が聞けた時は、狙いどおり、企画どおりのパビリオンに出できあがっている証拠である。そして、出展者側が言いたかったメッセージがじっくりと伝わり

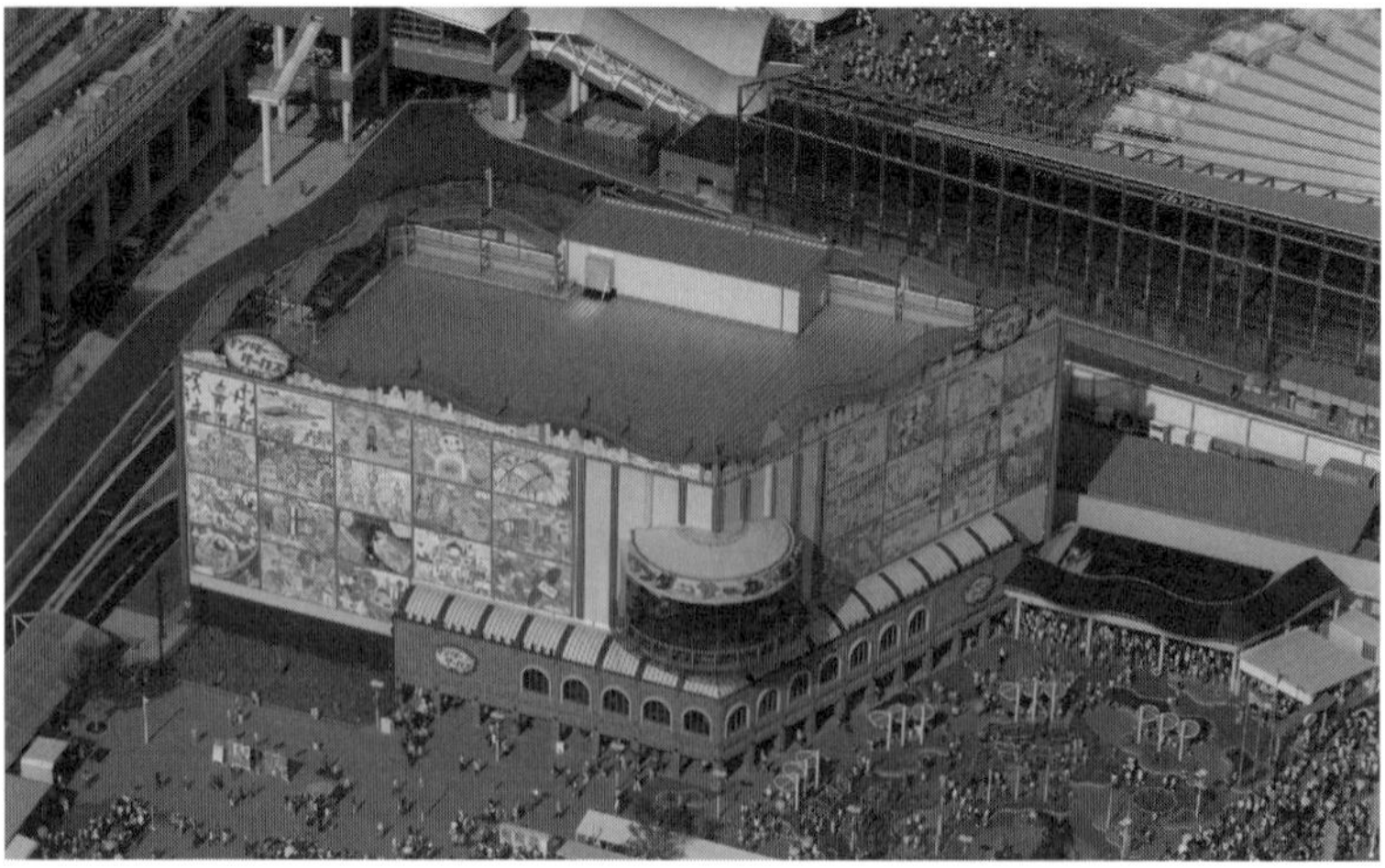

電力館外観

始めていることになる。それが心のひだに届くには数日かかるかもしれないし数年後かもしれない。だが、この「余韻力」が感動パビリオンをつくりあげた成果なのである。

私が、総合プロデューサーとして担当した愛知万博での「電力館」はどのような考え方で生まれ、つくられたかを簡単に説明しておこう。

「電力館」は、国内の電力会社10社で構成する電気事業連合会が出展したものである。国内の電力会社は、現在さまざまな課題を抱えながら、良質で低廉な電気の安定供給という社会的使命を果たすべく事業を推進している。

〈主な課題〉

○原子力の推進を中心として温室効果ガス排出抑制への継続的な取り組み。

○原子力をベースに火力、水力などの電源のベストミックスの推進。
○家庭の電力消費を中心にした電力需要の伸びと、昼夜間、季節間での電力需要の格差への対応。
○電力の自由化、石油等燃料の価格の上昇等激しい環境変化への対応。
愛知万博の「電力館の出展意義と狙い」は概して次のようなものだった。


〈意義〉

「環境」などの「社会的使命」に向けた行動を明らかにし、「信頼」を確保し電気事業のイメージを高める機会とする。


〈狙い〉

電気事業のイメージを高め、豊かな未来への「夢」と「勇気」を広く発信する。

このように「意義」と「狙い」が明確に提示された。一般の民間企業の立場と違い、とくに社会的視点が重視され提示されていた。また幅広い年齢層が対象であった。私たちに与えられた使命は、この「意義」と「狙い」を電力館の空間（建築、展示演出など）と6ヵ月間の毎日の運営（アテンダント、メンテナンスなどのスタッフたち）のなかで解決していくことだった。

来館者全員に「感動」を与える企画をプランニングすることは、企画責任者である私の役割である。お子さまから、ご高齢の方まで幅広い層に満足していただくことは、実は演出的には、いちばんむずかしい。とかく総花的でメリハリがなくなりがちだが、この難題解決は、今まで多くの博覧会経験で十分自信はあった。

その演出計画のポイントは私のモットーである五感（視、聴、嗅、味、触）の刺激だけではなく「心の襞（ひだ）」への到達と刺激ができるかどうかということである。これが可能になれば多くの人々に満足感を与える感動を生むことができる。五感への刺激は、年代によって大きな差があるが「心の襞（ひだ）」まで到達した刺激は、それほど年代に差が出ない。このような感動を創出できればこのむずかしい「狙い」が解決する――これが私なりの「策」であった。

そして、これは空間の「展示演出」と実際に運営する「館員全員のホスピタリティーの対応」がつくり出す総合生産物でもある。お客さまの満足感や感動は、余韻として、残像として心に残る。電力館の狙いである「電気事業のイメージを高め、豊かな未来への【夢】と【勇気】を広く発信する」というメッセージが、時間をかけ、理解や認知につながっていく。これが私の確信だった。結果は満足するものだった。「電力館」は入館者やマスコミの評価で全パビリオン中、1、2位を争う人気館として評判になったのである。

電力館のジャケットを着て、スタッフとして電力館の出口に立っていると、見終わったお客さまが近づいてきて「よかったです」「すばらしいものを見せていただきました」「感動しました」と、見知らぬ私に、なかには涙を流しながら、握手を求めてこられたことが何回もあった。こんな素敵ことがあるのが博覧会だし、博覧会だからこそなのである。

行きはワクワク、帰りは満足

一般の生活者にとって、博覧会に出会える機会は一生に何回もあることではない。とくに地方に住む人々にとっては地方で開催される博覧会への期待は大きい。東京のディズニーランドには行けないけれど、同じようなものが来るだろうと思っている。

入場者にとって博覧会は大きなお祭りである。基本的に娯楽を求めて来場する。入場者が増加するかどうかは、博覧会の「テーマ」や「コンセプト」とは関係ない。面白いか楽しいかである。即ち「今度の博覧会はすごいよ」「見る価値があるよ」と口コミやマスコミの評判で入場者が増える。

地方の人にとって博覧会は一生に1度の大きなイベントである。1日で、できるだけ多くのパビリオンを見たいと考える。人気館は何時間待ちでも待って見て帰る。この気持ちはよくわかる。しかしこの期待に十分に応えることは容易なことではない。その理由は、博覧会の中心となる主催者館やテーマ館は博覧会開催の意義やメッセージを、きちっと発信する役割がある。楽しい演出は当然の条件だが、どうしてもむずかしく、固くなってしまう。そのため企業館に集客を期待することになる。しかし短期の仮設イベントに各企業館はどこまで費用を投入できるかということである。企業にとり費用対効果は重要な命題だからである。

このようなジレンマがついて回るのが博覧会の宿命である。しかし、どこの博覧会であろうと、どんな事情があろうと、お客さまは期待に胸ふくらませ、ワクワクしながらゲートをくぐる。そして、帰りのゲートでは精根尽き果て、満足感に酔いしれ、帰っていただくのが出展者側の願いである。

博覧会のソフトが再評価されている

人間は誘蛾灯に集まる夏の虫のようである。お祭りの威勢のよいかけ声、太鼓の音、笛の音、提灯の光に引き寄せられる心理をもっている。そして自分も一緒に、群れのなかにいてこそ安心と思う心理が働いている。

イベントはどんな時代においても人の行動を促す力をもっている。意図的に人を動かすきっかけをつくり多くの人を集客する。そして集まった人々に満足感を与える。イベントが成功すれば、企画者にとっては最高の喜びとなる。しかし、天候なども含めさまざまなハプニング要因が妨げになることがあり、予想に反して不成功のことも多くある。イベントは「水もの」と言われる所以である。

1996年、東京都の臨海副都心「お台場」で開催予定だった「世界都市博覧会」は故・

青島知事就任とともに中止になった。そして、2005年、名古屋で開催された「愛・地球博覧会」で、地方博を含め博覧会の役割は一応終わったと言われた。

博覧会という心地よい響きに人々が腰をあげ、実施することが目的であったような時代を経て、さまざまな失敗を繰り返し、叩かれたのが博覧会だった。決して万能ではないが、うまく利用すれば、途轍もない効果を発揮することもわかった。

しかし、これまでのような博覧会はもう食傷気味である。新鮮な響きもなくなった。今後はこれまでのような「パビリオン林立型」ではない新しい形態の博覧会が求められていくだろう。約50年間続いたアミューズメント型、テーマパーク型博覧会から、たとえば開催地域と一体化した博覧会、すなわち自然環境や文化施設と一体化した屋外型でオープンな会場、街がそのまま会場になるなどいろいろ考えられる。

愛知万博でも「地球市民村ブース」で試されたNPO、NGOの出展が大きな波紋を呼んだ。この出展は従来のパビリオン型ではない小型ブース（パオ風小屋）が数棟建てられた。出展側と同じ目線でじっくりコミュニケーションをとる、このような対話型展示手法に見直されることになるだろう。

ディズニーランドと競い合うようなアトラクション型も、もう過去のものとしたい。愛知博以降、国内では大型の博覧会は予定されていない（横浜開港150周年記念イベントが2009年4月から5ヵ月間開催されている）。だが、愛知博の成功をきっかけに再開される動きもちらほらと聞こえている。これまでの経験で、ソフト事業による「活性化」

や「こと起こし」の価値は理解されている。将来、イベント登場の場がもっともっと増えることになるのは必然である。

上海国際博覧会への期待

2010年5月1日から半年間、中国で初めての国際博覧会が上海で開催される。2008年のオリンピックに続き、中国では二つ目の大型国際イベントであり、世界からもことのほか注目されている。入場者数は7000万人が予定されているが、おそらくそれ以上の入場者になるだろう。2007年6月、上海国際博覧会協会の招聘で、私も中国国内のパビリオン出展予定の大手企業に対し、博覧会に出展する意義、企画の進め方などについて講演する機会があった。中国はまだ博覧会の経験がなく、概念もない。そのため、前述した6W2Hの話を中心に、とくに、何のために、誰に向け、また何を出展し、結果何を求めるか、などについて講演をした。

その後、ある国家企業の出展パートナーを選ぶ企画コンペ（競合会社は約30社）に際し、上海のある広告会社からコンペの総合プロデューサーとして要請され、企画・プレゼンテーションに臨んだ。2008年暮れ、激しい競争の結果、その1社に選ばれ受注に成功した。このような関係もあり、上海国際博覧会は私にとって今身近な存在である。

国際博会場鳥瞰図（イメージ）。水と緑の統合を強調している。

上海国際博を象徴する中国館「東方の冠」（イメージ）。

今回の上海国際博覧会全体のテーマは「Better City,Better Life（よりよい都市、よりよい生活）」である。最近の世界の国際博覧会のテーマは「自然、環境、人」よりにシフトしている。だが、そうした状況のなか、上海国際博がテーマとしたのは、現在の中国の課題である都市、生活だった。人口14億人ともいわれる中国、そして2000万人都市の上海。そのど真ん中で、そして世界大不況のなかで開催される博覧会は世界の人々が注目している。さまざまな課題も浮上してくることだろう。オリンピックの結果と同様に、開催後の中国の変わり様を長期的な視点でウォッチングしてみる価値がある。

お客さまは非日常空間を求めている

「ディズニーランド」は面白いけど博覧会はつまらない、という話をよく聞く。楽しさ面白さから言えば、娯楽性を徹底的に追求した「ディズニーランド」に軍配があがるのは、ある意味では当然だろう。なぜなら、五感を刺激するエンターテイメント性を究極まで研究し、実験を繰り返し、時間をかけて練りあげたものが「ディズニーランド」だからである。パビリオン建設、演出造作にも比較にならないほど多くの費用がかかっている。

そして賞味期限を過ぎたと思われるパビリオンは、早々にリニューアルし、最近ヒットした映画などから題材、素材をとり入れている。さらに新設のパビリオンを増設して常に話題性を呼び、陳腐化を防ぎ、新鮮味を保ちながら巧みにＰＲ活動を行ない、恒久的に維持継続している感じを受ける。

前述した「テーマパークとは」で、テーマパーク事業には入場者のリピートがいちばん大事な要素であると述べた。費用がかかる「常設的な施設」の運営を、長期にわたって維持継続していくことがポイントだからである。そして、非日常を求めてやって来たお客さまが「飽きた」という言葉を発した時がテーマパークの終焉である。期間限定の博覧会との絶対的な違いはここにある。

それにしても日本国内の各地のテーマパークは「ディズニーランド」以外は惨敗である。撤退が続いている。研究に研究を積み重ねてつくられたはずだが、娯楽に対する人間の欲求はわがままで勝手であるという証だろう。そして事業計画上の甘さもあった。ランニングコストが予想以上にかかるのである。さらにバブル以降の経済が予想以上の落ち込みで、人が動かなくなったこと、レジャーに余分なお金を使えなくなったことも大きな要因と言えるだろう。テーマパークと博覧会を比較してみよう。

まず博覧会には限られた開催期間（一般的には3～6ヵ月間）が設定されている。そして重要なことは博覧会の項でしつこく述べたように、非日常空間を求めるお客さまに対して、「意義や主旨」、伝達しなければならない「メッセージ」をどのように反映していくかが命なのである。

出展することは企業側にとって大きな出費を伴う。したがって出展する意義がいっそう重要になる。これらを前提に「集客できる魅力」と「ときめきを与える」演出をつくり出すことが博覧会なのである。

博覧会とテーマパークは、成り立ち、役割が違うので、単純に比較できない。同じ土俵で比較すること自体が無理な話だが、非日常を期待して来るお客さまに応えることについては両者とも同じである。来てよかった、面白かったと思える場づくりが絶対に重要である。しかし、見た後の余韻に違いが出てくる。この違いを知ることが重要なのである。

●「テーマパーク」→楽しかった、驚いた、ハラハラドキドキした、もう1度体験したい。

●「博覧会」→感動した、未来が期待できる、夢がある、希望がわいてきた、うれしくなった。

このように、見終わった後の表現や感想に差が出るのである。

遊びの多様化に悩む遊園地

日本にも古くから大型遊園地があった。遊園地の原型は浅草の「花やしき」と言われている。「花やしき」はその名のとおり、江戸時代末期に「花などを見せる庭園」としてオープンした。その後、娯楽とは何かの概念もない時代に海外に渡航した感性の高い日本人が、現地で見た驚きとともに遊園地の原点を日本にもち込んだのだろう。ただ敬服するばかりである。ここにもイベントプロデューサーの先陣がいたのである。明治末期（1910年ごろ）の写真には、すでに観覧車が設置され、ジオラマ模型も展示され驚かされてしまう。そして、戦後まもない1947年には、今の「浅草花やしき」が開園したという。すでに遊具やジェットコースターの原型が登場している。もっとも当時はお化け屋敷や、菊人形などの見世物風のものが多かった。

戦後間もない日本人のすさんだ心に娯楽を提供し、人々がその喜びを楽しんできた裏には、驚くべきプロデューサーの存在がうかがい知れるのである。

その後、国内の遊園地は競って鉄道沿線に開園していった。1980年代のテーマパークや大型の水族館が進出して来るまでは、遊園地は娯楽の王様だった。しかしその後、娯楽は多様化していった。「驚き」「ハラハラ、ドキドキ」中心の遊園地から「楽しい、愉快、心が躍る」などの方向へシフトし始めた。しかし、現在は年々その施設数が減少してきている。　遊園地の定義は多くの遊具や乗り物を備えた施設と言えるだろう。その花形はジェットコースター的な体感的に工夫を凝らし

現在の「花やしき」（上）。昭和初期の「花屋敷」（下）。奥に凌雲閣、当時としては52メートルという驚異的な高さを誇る、通称十二階が見える。

た乗り物である。驚きや怖さ、いわゆるスリルを求めてくるお客さまへの対応を重視し、ライバル遊園地にお客を取られないために、次々と新しいアトラクションを導入することが必要な条件だった。限界ぎりぎりのスリル競争になり、安全性の問題と裏腹になっていった。入園者のターゲットも家族から若者中心に絞り込んでしまったため、自分の首を絞める形になってしまったのである。

しかし、極限までいきついたような「ハラハラ、ドキドキ」などのスリル感でさえも、人間は数回で飽きてしまう動物である。このわがままな人間に対応するため、大企業の参入による資本力で頻繁に遊具を交換していくしかなかった。だが、それでもレジャー施設へのお客さまの入りが減少し、閉園する遊園地が相次いでいる。遊びの多様化と新アトラクション導入の疲労が遊園地経営者の諦めを生んでいる。また極限のスリル感の導入によって危険度が増したジェットコースターなどの遊具に、頻繁に人身事故のトラブルが発生している。マシンが複雑で繊細になり、メンテナンスが追いつかないなどの問題も出てきており、ジレンマにぶつかっている。遊園地業から他業種への転換の話も多く耳にする。人は勝手でありわがままであることに限りがないのである。

見せる技術が遅れている日本

日本の文化施設（博物館、科学館、美術館、資料館など）は4〜5000館あると言われている。だが、大半は地方の小さな資料館レベルで、世界に誇れる施設はせいぜい10〜20館程度しかない。世界に目を向けてみると、歴史の違い、文化の違いを感じる。ヨーロッパに旅行すると気づくが、数百年前に建設された重厚な石造りの建物に収まった博物館や美術館の多さには驚かされる。内容も充実しているし、お客さまの立場を考えた「見せる展示」の演出がなされている。見終わるとさすがと思うほかない。歴史と文化を重視した国かどうかの感がさらに強まる。歴史の浅いアメリカだって文化施設王国である。

日本は、本来は歴史のある国のはずだが、世界の観光客にどうぞ見てくださいと言える文化施設が、いったいいくつあるだろうか。

木の文化をもっている日本は、「木の加工技術」「神社仏閣の建築技術」「日本庭園」などの遺産がたくさん存在する。四季の景観とともに、建築物やランドスケープなどの「見る文化」が「わびさび」とともに多く存在する。しかし、それら先人の知恵や技術を「見せる技術」「わかりやすく理解させる技術」、すなわちプレゼンテーションするセンスは、残念ながら日本人という民族のＤＮＡには乏しいと言わざるを得ない。世界が認める「技術大国日本」だが、文化面では「文化表現貧国日本」なのである。戦後間もなく施行され、現在も続く博物館法も教育や研究のための施設を強調している。すなわち学芸中心になっている。博物館や美術館は「誰のため」のものか、「誰が使い」「何に役立つ」のか、その根本の考え方が日本はズレているように思うのである。

文化施設を再生する11の提案

博物館、科学館は知的な情報収集装置であると同時にアミューズメント施設である。一般の入館者が興味をもって入館し、楽しかった、面白かった、満足感を得られた、というものでなければならない。これまでの文化施設は、生涯学習、社会教育、学芸研究に重点が置かれ、つくる最初の段階からアミューズメント感覚が欠けていたものが大半だったことは否めない。そして現在、博物館の展示資料などは、インターネット上から得られる時代になってしまい、見るだけなら博物館に行く必要はない。行ったとしてもただ確認に行くだけとなってしまった。当然リピート客は少なくなる。内容が充実した貴重な文化施設はたくさんあるが、宝の持ち腐れ的な存在になっている。いずれにしても大手術が必要になったことは事実である。一般のお客さまの大半は研究や知識収集のためではなく、喜び、驚き、楽しさのライブ感を求めて非日常の世界にやって来る。その欲求に応えられなければ研究専用施設にするか廃館すべきである。経費の無駄遣いだからである。

では、このような文化施設を魅力ある施設に再生するにはどうしたらいいのか。

①民間人の実績あるプロの意見をとり入れる機会を増やし、人が来る施設とは何かを研究する。

②何をしたらいいか真剣に考える環境をつくる。そして問題提起ができ、真正面から取り組める意識が高い職員を親元から出向させるか、または採用する。

③展示品の解説表示の見せ方を改良する。子どもの立場に立った、目の高さや展示品の操作性、わかりやすい解説文章などの配慮をする。

④館内案内のアテンダント（コンパニオン）のお客さま対応（ホスピタリティー）の教育を行なう。

⑤地元住民との密接な関係をつくり意見を交換する。地元の資産だから、地元発の発想で考える。地元とのコラボレーションやイベントをとり入れる。

⑥毎年の運営費の費用をねん出する方法を考える。施設の親元である管轄側へモノ言う文化施設になるべきである。

⑦いつ来ても同じでは誰だって飽きる。常に新鮮さを出す工夫する。

⑧企画展示室などを有効に利用し、イベントや面白い展示のとり込みに目を向ける。そのためには他県の施設とネットワークを組み巡回するようなリンケージ展示を積極的に考える。

⑨ミュージアムショップを充実する。地元ならではのお土産品を考え、楽しいショップづくりをする。

⑩地元メディアをうまく使う。メディアも文化的なものについては聞く耳をもつ。そこを上手に使う。

⑪小中高生の課外学習の場としての利用を増やし、見た生徒たちのステップアップへのフォロー、アクションを生みだす積極利用システムを考える。

これらは決してむずかしいことではない。やり方、やる気次第である。ただ漫然と運営をするのではなく、仕掛けていく姿勢がいいものを生み出し入館者を増やすのである。

ハコモノ有効利用で地方に文化を！

仕事柄、全国の各地方に出張をすることが多く、さまざまな人々と接触する。そのたびに「地方には何も回ってこないのよ！」の声を聞く。首都圏に比べ、地方は文化的な情報に接触する機会が極端に少なく、情報の地域格差がますます広がっている。

首都圏で開催されている質の高いさまざまな文化イベントはマスコミにも取りあげられ、お客さまの入りも常に上々である。たとえば上野の国立科学博物館で頻繁に行なわれている特別展や企画展、首都圏の主要な文化施設で開催されている世界から集められた質の高い展覧会などがそれである。だが、それらは一般的には一定期間で終了する。その後

●国立科学博物館　過去の特別展

2000年	20世紀の国産車
2001年	イタリア 科学とテクノロジーの世界
	日本人はるかな旅
	化石の美と科学展
2002年	光を楽しむ― science・art・fashion
2003年	神秘の王朝―マヤ文明展
	江戸大博覧会―モノづくり日本―
	ＴＨＥ地震展―「その時のために！」―
2004年	スター・ウォーズ サイエンス アンド アート
	テレビゲームとデジタル科学展
	「翡翠展～東洋の至宝～」
2005年	恐竜展 2005
	縄文 VS 弥生
	「パール展」
2006年	ナスカ展―地上絵の創設者たち―
	日本南極観測 50周年記念 ふしぎ大陸南極展 2006
	大英博物館 ミイラと古代エジプト展
2007年	花 FLOWER 太古の花から青いバラまで
	失われた文明「インカ・マヤ・アステカ」展
	『昆虫記』刊行100年記念日仏共同企画「ファーブルに学ぶ」
	大ロボット展～からくりからアニメ、最新ロボットまで～
2008年	アンコール 世界遺産 ナスカ展 地上絵ふたたび
	ダーウィン展
	日本･コロンビア外交関係樹立100周年記念「黄金の国ジパングとエル･ドラード展」
	菌類のふしぎ きのことカビと仲間たち
2009年	「1970年大阪万博の軌跡」2009 in 東京

2000年「20世紀の国産車」より。

2006年「ミイラと古代エジプト展」より。

はせいぜい大阪、名古屋、福岡の主要都市の巡回までである。たとえば、２００７年、東京国立博物館で見た「レオナルド・ダ・ビンチ展」の第2会場展示物の一部は全国の子どもたちに見せたい展示だが、これにしても同様である。無数の垂涎の展示物が世界から日本にやってきているのに、地方の人たちは見られない。これらの情報に接触するために、地方の子どもたちが首都圏にまで出かけて来るのは、費用と時間の点で簡単なことではない。

そこで、私のかねてからの願いであるが、文部科学省が音頭をとり、首都圏に集中している質の高い展示物を、巡回展方式で地方の皆さんに見ていただくシステムをつくったらどうだろうか。地方の文化の向上に必ず役立つはずである。

地方の博物館や科学館は入館者数が減って苦戦している。これらの施設がもっている企画展示スペースや、特別展示スペースを利用すればできるはずである。館側にとっても入館者増の一助となり、一石二鳥にもなり、施設の有効利用にもなる。最近、各館ともこのスペースは年間予算が削られて空いたままである。もしくは、せいぜい職員の手づくりによる展示でお茶を濁しているのが現状である。

各地方メディアに、このアイデアに関してヒヤリングをしたところ、文化サポートという意味で、バックアップに対しておおむね協力的である。数千に及ぶ全国の博物館・科学館が、地方自治体のお荷物になっているなか、単独では費用がかさむが、各施設間で共同運用すればこのアイデアは成立するはずである。自分の住まいの近くの文化施設が活性化し、家族で一緒に出かけ、語らい、楽しみ、知識を収集し、また学校の課外活動として利

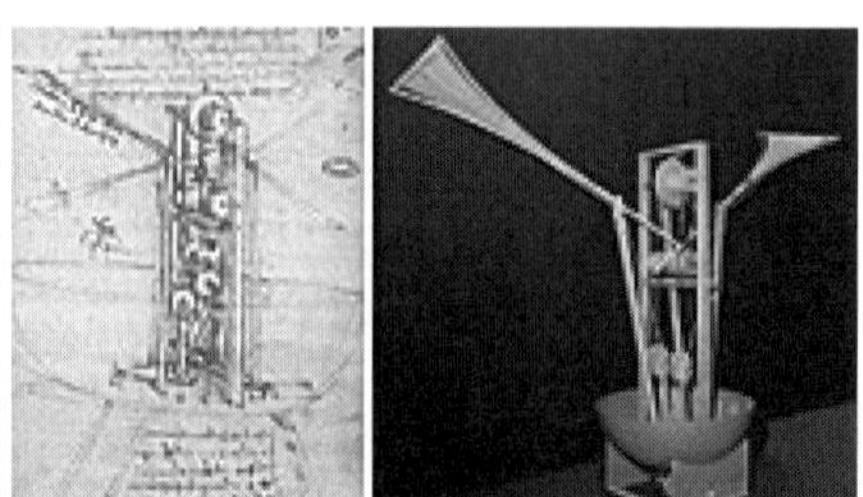

「レオナルド・ダ・ヴィンチ展（国立科学博物館）」に展示された飛行船の模型。

用できる最適の場になるのである。
人間の知識の欲望、向上に地域の差はない。平等に権利がある。「地方にもっと文化を！」は、今後、機会を見つけてチャレンジしたいと思っているテーマである。

子どもの理科離れと科学館の役割

これまでの日本の「ものづくり」は世界に誇れるものだった。その根本には日本人の好奇心、職人気質、こだわり、勤勉があった。製鉄、造船、自動車、エレクトロニクス、ハイテク、ナノテク、建築、塗装、木造、金型、美術工芸、農業など、ありとあらゆる分野において、この言葉の前後に「日本の〇〇技術」と付け加えることができるほどの技術大国、それが日本だった。

原材料の乏しい日本には、昔から、素材を加工して付加価値をつける力を自然に身につける環境や伝統があった。また先祖から受け継いだＤＮＡも備わっていたのだろう。これこそ日本文化であると言い切れるものであった。

しかし、今、この日本文化の原点が失われつつある。町工場の職人や日本の伝統工芸は後継者不足と言われ、尻すぼみになりつつある。この根本原因は、少子化などの問題はあるにしても、学校教育にあると私は考える。子どもたちの理科離れ、科学離れが言われて久しいが、小中学校の子どもたちが理科教育に対する興味や情熱を失う状況になっているのではないだろうか。

この原因は何なのだろうか。生徒の能力や、先生の力量が落ちているなど、いろいろなことが言われているが、それは結果であり、問題はその原因である。学習指導要領の改訂でゆとり教育が進み、1980年ごろから授業時間数が削減され、理科離れがスタートしたと言われている。そのとおりだと私は思う。手間のかかる実験や危険性の高い課外授業は少なめになり、受験にかたよった暗記型教育に変わっていったということなのだろう。

この教育方針の下で先生になった人たちも当然、理科に対する執念を失ったまま就任した。その結果、生徒が理科に興味を抱く機会を失ったことは容易に推察できる。大学の理科系進学率も減ってきている。こだわりをもって、頑張っている先生もたくさんいらっしゃると聞いてはいるが、まさに悪循環である。

たとえば理科実験で、煙が出たり、色が変わったり、想像もできない形ができたり、動いたりという現象は、子どもにとっては驚きであり感動であり心に強く残るものである。それがあってこそ理科に興味が生まれ、理科系に進む人、手に技術を備える人、医者を目指す人もいるはずである。大科学者、ノーベル賞学者も、子どものころ、心に残る科学に関する影響を受けたはずである。

ここでも先に述べた「スペースメディアのメッセージプロセス」につながる。すなわち子どもの「理科離れ」は大人がつくったことなのである。その証拠にテレビでの理科実験や科学博物館での公開実験などをのぞくと、子どもたちは歓声をあげて参加している。子どもたちの楽しそうな、また驚きの表情を見ていると、今の日本をなんとかしなくてはと思う。このままでは、将来に向かって萎んでいくのが見える。

理科離れは今後の日本の未来をつぶす大きな要因になるかもしれない。その意味で国や地方自治体の科学館や企業のミュージアム、地方の町の小さな工場見学などの役割が重要になる。学校が駄目なら、先生や親御さんは、子どもたちをせっせと課外活動や科学館に連れて行っていただきたい。まだまだ日本人の子どものＤＮＡは捨てたものではないと私は思っている。

観光国日本の魅力再発見

日本政府観光局（ＪＮＴＯ）のデーターによると、２００2年の日本国への世界からの観光客は約５００万人、日本人が海外に観光へ出た人数は約１６００万人となっている。2007年にはそれぞれ840万人と1730万人、相変わらずの不均衡である。また別の資料では２００7年の国際観光収入（外国人がその国で使った費用）がいちばん多かった国は米国で、日本は世界で26位だった。経済大国日本も海外の観光客にとっては、魅力のない国なのである。

2010年には、海外からの旅行客を1000万人にまで増加しようと、日本政府もさまざまなキャンペーンを実施している。だが、世界の先進国を見渡すと日本は観光では負け国である。小泉政権時代の不均衡是正のキャンペーンが少しずつ功を奏し始めた感があるが、即興的なキャンペーンで観光客がそう簡単に増えるものではない。観光貧国解消を目指し、もう一度、国をあげ、50～100年のレベルで、外国からのお客さまを迎える姿勢を改革しなければならない時期に来ている。昔から日本人は自己主張が下手だと言われている。「子どもの理科離れ」ではないが、世界に通用する世界観を磨くことを教育レベルからやっていくことが大切なのではないだろうか。

資源のない日本が観光立国を目指すことは絶対に必要である。世界の土俵で文化観光立国を目指すべきである。そのためには置き忘れた「日本国ブランド」の見直しが必要なのである。

ユニークな科学館の40年の計

世界一のユニークな科学館（サイエンスミュージアム）がサンフランシスコにある。エクスプロラトリアムと言う。私は1985年ごろ初めて見た。その後2回見る機会があった。過去見た数多くの科学館のなかで、最も感動した科学館である。エクスプロラトリアムはエクスプローラー（探検）＋アトリウム（空間・建物）を合体した名前で、その名のとおり科学探検館である。1969年にオープン、1985年まで館長をしていた有名なフランク・オッペンハイマー博士（物理学）がつくった科学館である。日本では存在しえない、またできないタイプ（日本の公共施設では受け入れられない運営を重視した考え方）の科学館である。

国内の最近の科学館企画段階では必ず話題になる。この基本的な考えをもち込んでみたいと思う人や、具現化したいと思う人は少なくないと思う。私にとってはあまりにも大きなインパクトで、私が企画するチャンスがあった民間の科学館や展示館などには、この考え方を可能な範囲内でたくさんとり入れてきた。

エクスプロラトリアムの特長をまとめてみよう。

①館内は倉庫のようで雑然としている。
②すべての展示品はスタッフの手づくりである。
③その材料はホームセンターで売っているようなものを工夫してつくっている。
④展示物をつくる大きな工作室があり、お客さまもその作業をのぞき見ることができる。
⑤展示館のあちこちで数人ごとのグループが、スタッフと楽しそうに話しながら実験や動物（たとえばマグロの目玉）の解剖を行なっている。
⑥あちこちで、スタッフが子どもたちの質問や疑問に答えている。
⑦スタッフの数が展示面積に対して多い。
⑧人間の五感に対し徹底的に刺激を与えている。

⑨お客さまは展示品を触り、動かし、いじり、壊れるとすぐスタッフが修理する。
⑩ミュージアムショップは多くのユニークなオリジナル商品で占められている。
⑪ここでつくられた展示品がカタログ化され受注生産で世界の展示館へ売られ、この館の運営資金に当てられている。
⑫ボランティアのスタッフがたくさん活躍している。

この科学館は、見て驚くことばかりだった。自分の今までの科学館に対する知識や理論のすべてがリセットされ打ちのめされてしまった。日本の科学館とはすべてが正反対の概念で運営をしている。上記のような明確なコンセプトで40年前から運営されている姿にさすがミュージアム王国・米国と敬服するばかりだった。日本のお役所では絶対に受け入れられない科学館であることがおわかりになるだろう。

「理科離れ」の日本はますます取り残されそうな気がする。最近の、日本の科学館（国公立）はハイテクノロジーを使い、ゲームメーカー、先端技術メーカーの企業PR館のようになってしまっている。エクスプロラトリアムのように手で触って、力を加えて、考えて、動かして、走り回って、スタッフにすぐ疑問をぶつけて、すべてがアナログで、そして原理原則で徹底し、「子どもたちが考えるため」の「子どもたちの未来のため」の科学工作室館が日本にもなくてはならないと、つくづく思う。エクスプロラトリアムの規模は1万平方メートルの延べ面積をもち、100人の運営スタッフ、年間約60万人の動員があるという。これこそ人の心のひだに感じる科学館である。

子どもたちが科学に親しみをもつようにと、触って遊べる、世界で最初の体験型サイエンスセンター「エクスプロラトリアム」。

アミューズメント王国・米国の文化施設

代表的な米国の文化施設をピックアップしてみよう。

米国に旅行した時は時間が許す限り博物館、科学館、美術館を見て回った。欧州と違い歴史の浅い米国だが文化施設大国である。それもお客さまに見せるための施設を100年以上も前からつくってきている。さすがエンターテインメント米国である。日本ももっと見習えないものだろうか。また入場無料のところが多いのも特徴である。

①スミソニアン博物館（ワシントン）

世界一の規模を誇る博物館。十数棟の博物館でできている。見て回るだけでも数日かかる。入場は無料。とくに国立航空宇宙博物館は世界各国の本物の歴史的な航空機が展示されており圧倒される。他の施設もさすがアメリカと思わせる規模と内容である。

②アメリカ自然史博物館（ニューヨーク）

世界最大の自然史博物館。展示手法は古いが米国の成り立ちを1日がかりでじっくり見て回ることができる。

③シカゴ科学産業博物館（シカゴ）

1893年のシカゴ万博の時につくられた建物を利用している。ハンズオン（展示物を手で触れられる）を原則にしている。実際の人体輪切り標本展示が有名である。

スミソニアン国立航空宇宙博物館

アメリカ自然史博物館

④エクスプロラトリアム（サンフランシスコ）

大変人気度の高いユニークな科学館。展示物はすべて館員の手づくり、その修理工房も展示演出の一つになっている。

⑤チルドレンミュージアム（ボストン）

米国内各地に多数つくられている子ども（幼年時）の博物館の一つ。民間企業の寄付金を中心に運営されている。その代表的な博物館がボストンのチルドレンミュージアム。教育現場ではできない体験を親と子どもが一緒になって体験できる。

⑥グッゲンハイム近代美術館（ニューヨーク）

かたつむりのような建物で有名。最上階から、らせん状のスロープを下りてきながら各フロアを見ていく。印象派以降の作品が多い。

⑦メトロポリタン美術館（ニューヨーク）

パリのルーブル美術館に匹敵する世界屈指の美術館。

世界的で魅力的な文化施設が米国にはまだまだ数多く存在している。しかもこれらを目当てに世界の各地からお客さまが集まる。国の独立、奴隷制度、民主主義国家の建設など、建国当時からの資料を収集し、文化施設として最適な見せ方を研究している。短い歴史のなかでの多くのできごとを整理し、見る側への配慮が憎いほどうまく仕組まれ演出されている。圧倒的な表現力で世界にプレゼンテーションをしているこの国のＤＮＡは日本と根

チルドレンミュージアム

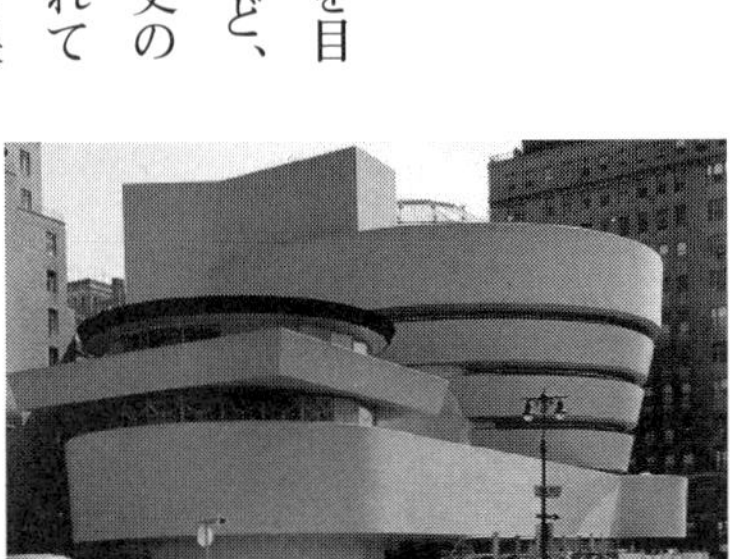
グッゲンハイム近代美術館

本的に違うことに気づかされる。観光収入世界No1も当然と言える。

この国から、この環境から、あのウォルトディズニーが出て、ディズニーランド建設に結びついたのもうなずける。そして国のブランドづくりにも成功している。私もこの米国流演出手法をたくさん勉強させてもらった。世界一のエンターテインメント王国・米国は必然的にアミューズメント大国なのである。

ＰＲ館、ショールームは総合演出が最大のポイント

ＰＲ館やショールームは、企業理念、ブランド、ＰＲ、商品展示などを展開する拠点として、企業が常設的に展示するものである。商品の売り場ではなく、企業の紹介や商品紹介、ＰＲを主とする「場」である。以前はＴＶ、新聞などのマスコミュニケーションでは伝達できないことを補完的に行なう程度だったが、今では、イベントと同じように五感で訴求でき、脳裏に焼きつけやすいライブの「場」「空間」としての役割がますます大きくなっている。

そこを訪れた人はそれぞれの価値観で、「時間」「場」「空気」を目、耳、鼻、皮膚の感触、時には味覚などの五感をフル稼動して味わい、お客さまに対応した教育が行き届き、アテンダントと密なコミュニケーションを行なうことができる。企業としては、そこに訪れた

個々人に対しエッジの効いた明確なＰＲを行なうことができる。そして、納得いくまで何度も訪れることができる場でもある。

ＰＲ館、ショールームの代表的なものに、電力会社の電力ＰＲ館と自動車メーカーのショールームとハウスメーカーのモデルハウスなどがある。

電力会社のＰＲ館は、水力、火力、原子力の各ＰＲ館そして電力総合ＰＲ館がある。そのうちの原子力ＰＲ館について説明しておく。電力会社が一般の生活者に原子力発電の安全性や必要性を理解していただくためにはＴＶやＰＲ誌では限界がある。原子力発電所に隣接したＰＲ館を利用して、原子力の原理の実験、実物大の模型のシミュレーション、映像、また実際の発電所内の見学ルートでの見学、ときにはＰＲ館のスタッフと質疑応答ができる。このように、現地でできるだけリアルな体験をし、じわじわと理解、納得していただく「場」が原子力ＰＲ館である。むずかしい原子力発電を五感で、体験し理解を進める「場」となっている。

自動車メーカーのショールームは、車を目の前にし、また試乗して実感し、購入動機を最終的に決断する空間である。数百万円もする「現物」を目の前で確認し、購入決断することができる自動車メーカーのショールームの役割は重要である。新車の匂い、シートやハンドルの感触まで確認し、試乗体験も決断の一つになる。

ハウスメーカーのモデルハウスも、まさに自分をその空間におき、生活シーンをシミュレーションできる場である。ここでの最大のポイントは、商品そのものの確認は当然だが、さらに自分のライフスタイルを想定し、その場に身を置いて確認できることである。このような空間での体験に加え、アテンダントのホスピタリティー（おもてなし心）が加わり、最高の場づくりが完成するのである。

商品と接触し確認できると同時に、購入による夢の具現化の支援と満足感、安心感、納得感をもって帰ってもらうことができるのが「場」の役割なのである。

メディアと役割を補完し分担することにより、ショールームは企業にとって一層重要な役割をもつのである。

役割を果たしている地方自治体のアンテナショップ

最近、地方自治体が首都圏の好立地の場所に「アンテナショップ」と呼ばれる「場」をつくり、県や市町村のＰＲ、観光物産や情報の紹介、そして地方の味などを提供している。私も以前、全国の各自治体に「アンテナショップ」を出店してみませんかと資料を送付し、キャンペーンをしたことがあるが、現在、首都圏に出店している各アンテナショップはほぼ順調に役割を果たし成功しているようである。出店者は「県」または「市町村」とさまざまだが、どちらかと言えば県の出店が多いようである。

●東京のアンテナショップ一覧

北海道地方
どさんこプラザ（有楽町）
北海道フーディスト（東京）
まるごと北海道 物産本舗 雷門店（浅草）
どさんこストア（町田）
巣鴨で北海道（巣鴨）

東北地方
青森特産品センター（新富町）
あおもり北彩館東京店（飯田橋）
秋田ふるさと館（有楽町）
あきた美彩館（品川）
いわて銀河プラザ（東銀座）
宮城ふるさとプラザ「コ・コ宮城」（池袋）
山形名産 四季の杜（町田）
山形県観光物産センター・やまがたプラザゆとり都（銀座一丁目）
ふくしま市場（葛西）
いわき市東京観光物産交流センター「いわき・ら・ら」（新橋）

関東・甲信越地方
東京愛らんど（竹芝）
物産・観光プラザ（かながわ屋）（横浜市）
富士の国 やまなし館（日本橋）
ぐんまちゃん家（東銀座）
とちぎ企業・観光誘致センター（永田町）
長野県東京観光情報センター（有楽町）

東海・北陸地方
ライフスタイルショップ「オリベスタイル」（六本木）
加賀・能登・金沢 江戸本店（日比谷）
表参道・新潟館 ネスパス（表参道）
いきいき富山館（有楽町）
福井県ビジネス支援センター「ふくい南青山291」（表参道）

近畿地方
ゆめぷらざ滋賀「滋賀県東京観光物産情報センター」（有楽町）
京都館（京橋）
わかやま喜集館（有楽町）

中国・四国地方
おいでませ山口館 山口観光物産センター（日本橋）
にほんばし島根館（三越前）
広島ゆめてらす（新宿）
食のみやこ鳥取プラザ（新橋）
高知屋（吉祥寺）
コウチ・マーケット（築地）
なっ！とくしま（神谷町）
香川・愛媛せとうち旬彩館（新橋）

九州・沖縄地方
銀座熊本館（銀座）
坐来 大分（銀座一丁目）
新宿みやざき館 KONNE（新宿）
かごしま遊楽館（日比谷）
くまもと県物産センター吉祥寺店（吉祥寺）
わした日暮里（日暮里）
銀座わしたショップ（銀座一丁目）
わした上野（京成上野）
琉球センター・どうたっち（駒込）
沖縄宝島にらい町田店（町田）

全国
むらからまちから館（有楽町）
ふる里ふれあいショップ とれたて村（大山）
銘柄十割そば酒房福島（小川町）

（2009年8月現在）

ショップの展開内容は、出店地域の観光物産品や観光案内または味を楽しめるレストランが用意されている場合が多い。どのアンテナショップも概して小さなお店ながら、地方の顔として十分な役割を果たしている。首都圏在住で、その地方の出身者は、おらが町の懐かしい味の確認に友人を連れ、家族を連れ、誇らしげに商品や味を紹介する。また首都圏の生活者は手に入れにくい地方の産物や直送されてきた旬の味を手に入れ、また再発見することができる。地方と首都圏を結ぶパイプ役としてこれからもますます価値が高まっていくことだろう。

実際に従事しているスタッフは、民間に委託しているところもあるが、地方自治体の職員から選考され出向している場合が多い。首都圏の生活者とコミュニケーションすることで視野が広がり、出向元に帰ってからその経験が活かされ、自治体活性化の原動力につながる。アンテナショップは人を育てる役割もしているのである。事業運営的には必ずしも採算に合ってないようだが、地方の顔として、広告塔として、双方向の情報収集の場としての効果は計り知れない。毎日が「物産展」としてのイベント効果も発揮している。

立地的には、新規オープンする店が銀座に集約しているようだ。これは地方から見た銀座のイメージのよさ、週末の家族連れの多さなどが理由である。すでに10店舗以上が出店している。さらに増加傾向にあるが、こうなると、銀座にアンテナショップのテーマパークのような面白さが出てきそうだ。全国の観光物産展が銀座で毎日開催、なんて考えただけでも楽しいことだ。

民間企業のアンテナショップもあるが件数は少ない。出店の意味も違う。過去にも飲料会社がよく出店していたが、この場合は試飲、生活者の動向、情報をつかむなど、商品開発に活かす場としての常設として位置づけていた。民間の場合は費用対効果から考えると、常設店を構え続けることには無理があるが、期間を限定した実験店舗として、また生活者データー収集の役割など、マーケティングな視点からは大きな意義があるだろう。

第Ⅲ章

イベントプロデューサーという仕事

●10の役割と六つの能力

イベントプロデューサーの仕事は、ひとことで言えば次のようなことである。

自治体や、企業などの得意先（依頼者）から提示されたイベントや展示会実施の目的を吟味、理解し、それを達成するため、最適なイベントや展示手法、演出を企画し、実施し、運営することによって、課題を解決して目的を達成することである。

以下、具体的な施策を作業プロセスにしたがい記しておく。

①明確なコンセプトやテーマをつくる。
②実現のための制作スケジュール、予算計画書をつくる。
③基本的な構成、計画設計プランをつくる。
④具体的な実施設計をつくる。
⑤制作会社、運営会社を選別する。
⑥実施に際し、さまざまな視点から事前に評価基準をつくる（たとえばどのように達成したらよいかなど）。
⑦納期や開催日に間に合うよう制作物の工程管理、リハーサルなどを行ない、万全な開催

日を迎える。

⑧さまざまなトラブルを想定し、対策マニュアルをつくる。

⑨本番での実施運営をする。

⑩終了後には、あらかじめ用意された評価基準にもとづいて評価し、反省すべき点を抽出して次につなげていく

プロデューサーは、得意先と常に事前に綿密な連絡、確認、承認をとっておくことは当然であり、その上でこれらの方策を推進していくすべての責任をもっている。

また、どんなに綿密な計画を練っておいても予期しない事故が起きることがある。そのため、事前に対策をたてて準備をしておき、事故が発生した時にはすばやい対応、処置が必要となる。これもプロデューサーの役割である。

そしてこれらを遂行するためには下記の資質が必要である。

①企画力（先見性・構想力・クリエイティブ力・知識力）

②判断力（的確な決断力）

③説得力（プレゼンテーション力）

④統率力（信頼性）

⑤バランス力（柔軟性・大きな視野）

⑥ネットワーク力（人的、組織的な連携力）

この六つの資質は、実際に仕事をしていくなかでの経験、また興味をもって取り組むなどのなかで蓄積され備わっていくものである。それに加え、ある程度、本質的に備わっている感性も必要だろう。

それぞれについて説明しておく。

①企画力、クリエイティブ力は、まずプロジェクトの前提として重要な要素となる。プロデューサーのセンスが出るところである。自分がもっていない技術、知識、感性は優秀な周囲のブレーン、スタッフからいいものをピックアップし、具体化していく。豊かな経験や知識、柔軟さが目的に合った最適なアイデアを生みだしていくのである。

②判断力は、プロジェクト推進のすべての領域で要求される能力である。高い視点と明確な決断と判断が信頼性を生む。無駄をなくすと同時に、企画されたアイデアや考えをさまざまな視点で具体化していくのに必要な能力である。

③説得力は、自分の考えやプロジェクトの方向性を、得意先、スタッフに、理論的に平易に説明し、理解を得る能力のことである。このプレゼンテーション力が関係者すべての信頼につながり、ぶれない推進力となる。

④統率力とは、このプロジェクトに参加した人を一つにまとめる能力、求心力のことを言う。それに加え、人格的にも信頼されることが必要である。

⑤バランス力とは、総合的な視点をもち、かたよらない感覚を言う。常に大所、高所から物を見て、方向性を見誤らない能力のことである。

⑥多くの人的ネットワークを引き出しにもっていることは、大きな財産、味方となる。また、信頼性の証明にもなる。

これらの能力を備え、各要素が総合的にフル回転しながら、常に全身全霊で自己を投入できる人が優秀なプロデューサーと言える。そして、お客さまから、すばらしい、感動したと言われる仕事が成立し、得意先から提示された目的が達成された時、そこで本当のプロデューサー能力が高く評価されるのである。

●プロデューサーの仕事の内容と役割

これまで在職していた広告会社で、「プロデューサーになりたい」希望をもっている方々と多く面接してきた。プロデューサーの名称は、応募者にとって響きがよいようである。だが、プロデューサー職の内容をこちらから逆に質問すると、あやふやな解答だけで、仕事の内容や役割の詳細は把握していない。わからないのが当然である。実は、業種によってプロデューサー業務の中味や役割がまったく違う。最近は通常の企業も専門役職の肩書にプロデューサーとつけている場合も多くなった。

プロデューサーに定義があるわけではないが、混乱されている方やこれから目指そうとする方のために整理してみた。業界別、業種別の役割、内容を紹介しておく。

①映画界でのプロデューサー

一般の方には、いわゆる映画監督と同じようなイメージがあるようだが、実はまったく違う役割である。監督はまさに映画を制作する責任者を言う。すなわち脚本、台本をどのように映画に反映するか、役者の選別、ロケ地の選定など、映画に映し出される中味をつくり出す人である。映画はまさに監督の個性がつまった作品になる。プロデューサーはもっと高い視点で所属する映画会社の事業経営側に立ち、映画の興行の成否の判断、スポンサー探しなどを含めた事業責任者である。制作予算を組み、監督の選出、ＰＲ宣伝などの役割と責任をもつ人を言う場合が多い。監督と違い人前にはあまり出ない。

②テレビ局のプロデューサー

各ＴＶ局によってもプロデューサーの定義が違い一概に言えないようである。

番組によっても違う場合がある。番組制作の現場よりの局長クラスをプロデューサーと呼ぶ局もある。一般には番組の責任者であるが番組のタイトル、タレントの人選などを行ない、視聴率の責任もある。番組づくりについてＴＶ局の経営側としての意見は言うが、実際の制作まではタッチしない。制作はディレクターが行なう。プロデューサーはマネージメントの役割といったらいいだろうか。ディレクター経験を経ずにプロデューサーになる人も多い。まれにタレント的なプロデューサーもいる。

TV局は、一般的に番組制作の大半を外部の制作会社に出している。制作会社もジャンル別（ドラマ、スポーツ、娯楽、報道など）にたくさん存在しているが、それぞれの会社に専門の制作プロデューサーがいて、それぞれが責任をもって制作担当している。このうに、さまざまな立場のプロデューサーが混在している。

③イベントプロデューサー

日本国内と海外とでは役割がまったく違う。国内では、一般的には広告会社、イベント会社の社員が担う場合が多いが、フリーで活躍している経験豊富なプロデューサーのなかから、テーマや内容により、適任者を選択する場合もある。内容的には、まず競合会社との血みどろの企画のコンペティションに勝ち抜きスタートする宿命がある。そして選ばれたのち、得意先から提示された予算枠内で設計、制作、実施の責任をもつ。得意先あってのイベントである。得意先にそぐわない演出は、ゴーサインが出ない。得意先側は、基本的には経験が少ない場合が多いが意見は言う、当然、妥協しなければならない場面が多いのも日本の現実である。その代わりイベントの成功、不成功に対し、プロデューサー側にさほどの責任は生じない。また「プロデューサー」と名前はついても実際は黒子の立場である。

博覧会のパビリオン、イベントなどの場合、実質プロデューサーに対し、名前だけ借りる形式だけのプロデューサー、すなわち「冠プロデューサー」を立てる場合も多くある。たとえば有名タレント、音楽家、建築家などを登用し、ＰＲに利用する。彼らはあたかも自分が全体をプロデュースしたように語り、注目度、関心度を高める。ＰＲにはよい場合もあるが、時には、経験がない分野で、自分の考えを主張し、暴走してしまい、制御がきかない状態になる危険性もある。登用時の実績調査、契約時の依頼内容を、細かく確認しておく必要がある。

日本国内でのイベントプロデューサーは、大きな能力が求められている割には実際の立場は地味である。海外の大型イベント、たとえばオリンピックの開会式を見ると、斬新性、大仕掛けの演出など、目を見張る発想力にはいつもながら唸ってしまう。そして、プロデューサーが注目され、ヒーローのように扱われる。マスコミにもどんどん登場する。日本とは役割が大違いと言っていいだろう。

海外のイベントプロデューサーは概念が違う。専門の演出事業家として個人的に契約し請け負っている場合が多い。そして成功報酬が前提である。成功と評価されれば、契約に従い莫大な報酬と名声を得ることができる。成功の暁にはプロデューサーの名前は世界に知れ渡る。そして世界の大型イベントからお呼びがかかる。

不成功であれば報酬は得られないばかりか、大きな持ち出しや不名誉なレッテルも貼られると聞く。お国が違えばこんなにも違うのである。

私のところにも、自薦他薦で、世界の多くのプロデューサーから売り込みセールスが頻繁にあった。なかには、世界的大型イベントの実績をもち、世界を渡り歩いている大物プロデューサーもいた。しかし現実には、大型イベントは日本国内ではそう多くはなく、契約成立したことはなかった。また一般的に、海外のイベントプロデューサーは契約時の条件闘争がシビアで、詳細な契約にもとづき実行するためトラブルも多いと聞く。契約社会ならではの世界である。

④一般企業のプロデューサー

最近、通常の企業でも肩書きにプロデューサーと名づける場合が多く見られる。各企業とも基準が違うため一概に言えないが、プロジェクトを推進する能力をもつ人材にこの肩書きを与える場合が多いようである。企業内の部長、部長代理のラインの肩書きでというより、専門職として大型案件を進行する役割が多い。さらに、総合プロデューサー、エグゼクティブプロデューサーなどの肩書きをリーダークラスに与えているようである。また、営業職にもプロデューサーの名称を与える場合もあり、右を向いても左を向いてもプロデューサーだらけという現状である。10年前には考えられなかったことである。

⑤さまざまなプロデューサー

実社会では、プロデューサーの能力次第でプロジェクトの成否が決まる場合が多い。昔からそのような役割を演ずる指導者、牽引者はいたが、最近そのようなさまざまなプロジェクトを担う人をプロデューサーと呼ぶようになった。たとえば街を活性化する、旧温泉町を再活性化する、ゲームや漫画を世界的にブーム化する、ある音楽をブーム化する、スポーツをプロ化する、新ファッションをはやらす、おたく文化をつくるなど、すなわち意図的に仕掛けて、停滞しているものを動かし、社会を世直ししたり、ブームをつくったりなど、無数のテーマがある。このように、大きな変化を起こしたり、鈍くなった動きを活性化させたりする人を、「社会活性化プロデューサー」「こと起こしプロデューサー」と言う。

プロデューサーに求められる能力や知識、専門性は各プロジェクトの内容によってまったく違う。重要なことはプロジェクト推進側が、多くのプロデューサーのなかから最適なプロデューサーを選び出せたかどうかである。これができた時、プロジェクト成功の確率は格段に高まる。そのためには、さまざまな候補者のなかから、能力や実績を詳しく調査し、考え方をヒヤリングし、納得するまで時間をかけるべきである。いったん決定したら、全面的に信頼して依頼しなくてはならない。プロジェクトが動き出したらプロデューサーの変更はむずかしくなる。今までたくさんの失敗例を見てきたが、基本的にはプロデューサー選択ミスである。とくに街づくりなどは長期にわたって行なうものである。人選を間違えたら街が崩壊してしまう危険さえある。

⑥イベントプロデューサーとディレクター

プロデューサーの世界も、業種が変わればまったく違う役割や能力が必要なことがおわかりいただけたと思う。次にイベントプロデューサーとディレクターとの関連を述べる。イベントプロデューサーは全体を高い視点と全方位からバランスよく観察し、各専門のディレクターを統括し、効率よく推進していく。

　ディレクターの役割はプロデューサーを補佐することである。イベントの規模、内容によっても違うが、規模が比較的大きなイベントは、専門性、特殊性が多い上に作業量も多くなる。そんな場合には、専門分野別にディレクターを選び決める。プロデューサーとディレクターの相性がよければ、相乗効果でいい仕事ができる。ディレクターは展示、映像ソフト、ＡＶシステム、照明、運営、広報など、専門の担当領域のリーダーとして行動し、各々のスタッフを効率的にまとめていく。したがって、ディレクターは専門性が高いスキルをもっていなくてはならないし、専門性を将来にわたって極めていくことになる場合が多い。たとえば映像ソフト制作のディレクターは、さらにアニメーションが強いとか、ＳＦ効果が強いとか、実写撮影が強いとか、である。そして、その世界の第一人者になれば、あちこちから声がかかるようになる。専門学校で勉強してこの世界に入ったとか、たまたまやってみたら興味が湧いたとか、さまざまな人たちがいる。大事なことはこの世界が好きなことである。

●大型イベント進行の作業体制表

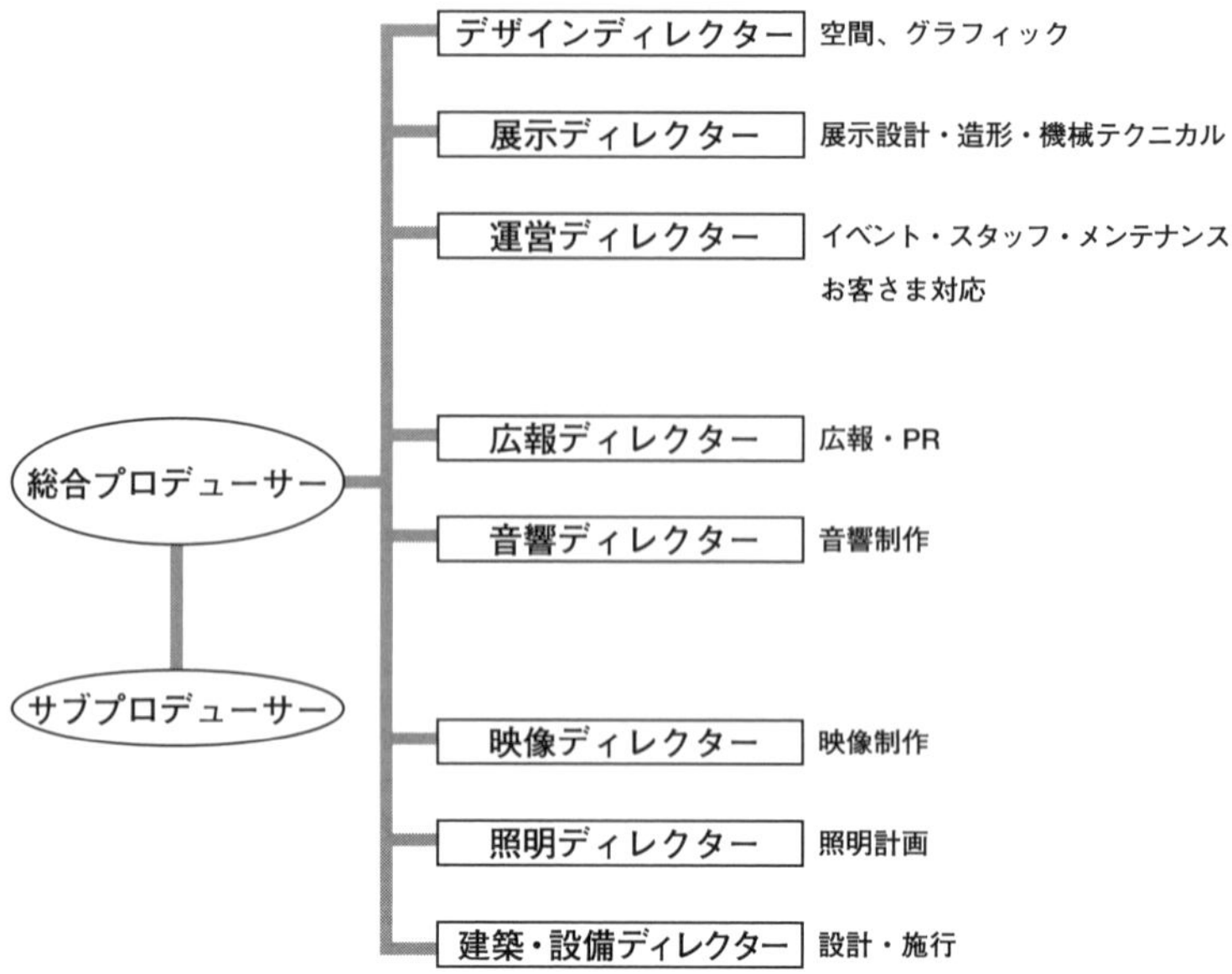
総合プロデューサー
サブプロデューサー
デザインディレクター
空間、グラフィック
展示ディレクター
展示設計・造形・機械テクニカル
運営ディレクター
イベント・スタッフ・メンテナンス
お客さま対応
広報ディレクター
広報・PR
音響ディレクター
音響制作
映像ディレクター
映像制作
照明ディレクター
照明計画
建築・設備ディレクター
設計・施行

ブランドが生き残りのキー

●マーケティングがなければ生き残れない

広告業界では、マーケティングという言葉が日常的に用いられている。広告のすべての領域にマーケティングが関わっているからである。企業にとってマーケティングとは、消費者に対し、どうしたら商品が売れ、サービスが理解されるか、そして、それらが無駄なく効率よく最適に提供できる方法を考えることを言う。

物が売れない時代、多様化の時代、マーケティングの研究は一層進化し必要性が増している。企業の今後のビジョンづくり、サービス、商品計画、広告、ＰＲ活動、イベントの目的や演出内容、店舗出店、品揃え、施設づくりなど、消費者に対する活動のすべてをマーケティングの視点から考えるべきなのである。これは行政でも同じである。マーケティングの視点を入れていくかどうかで、生き残りをかけたこれからのすべての活動の意義や価値がまったく違ってくる。国際化のなか、マーケティングは競争に打ち勝つ唯一の方法と言えるのである。

繰り返すが、マーケティングの目的は、より多くの商品を買っていただいて利益をあげること、またサービスを効率的に提供し、より深く商品を理解していただくことである。

次に重要なことは、中長期にわたって消費者といい関係を保ち、企業や自治体が生き残っていく環境をつくっていくことである。このことが、時代とともにマーケティングを発展させ、確固としたブランド（銘柄）づくりへとつながるのである。

たくさんの同じような商品が店に並び、競争はますます激しくなっている。地方自治体間でさえ生き残りの熾烈な競争が始まっている。消費者が選ぶものは、デザインや使い勝手に加え、最終的にはその背景にあるブランドである。これからはブランド戦略がすべての社会で共通する最大の武器になっていく。これがさまざまなマーケティング研究から生み出された結論である。そして、マーケティングのなかのマーケティング活動、これが「ブランディング」なのである。

●ブランディングは企業生き残りのキーである

ブランドとは、そもそも、放牧された牛に識別のため焼印を打つことが語源になっている。そして、ブランディングとは、よいブランド（銘柄）をつくる方針や戦略のことを言う。最近こそ、かなりの企業にブランドづくりの必要性、重要性が浸透してきたが、実はマーケティングの産物であるブランドが認識され始めてから、まだ10～15年程度しかたっていない。

マーケティング戦略の最大の目標はブランド力を高めることである。つまり、国際化や厳しい競争力のなかを生き抜くキーがブランドということである。たとえば病院、学校、ショッピングセンター、店舗、ホテル、観光地、ゴルフ場、文化施設（博物館、科学館など）、政治団体など、競合他社が多いなか、これからも生き残っていかなければならない集団にとってブランド力は大きな要素になる。

しかし、一方ではこんなことも言える。自分の所属している集団は老舗であり、ブランド力があると思っていても、実は、過信の場合が多いということである。時代の要求はそう甘くはない。ブランドの検証や評価は常に必要である。今の社会に最適なブランドに修正することが必要なのである。

さまざまな視点で分析され、確立されたブランドは、ゆるぎないものとなる。その集団のさまざまな活動に利用できる。ブランドを核にして効率的な経営が成り立ち、無駄のない統一感のあるビジネスの姿が見えてくる。商品計画、広告、店舗、イベントなどのすべての企業活動が一つの方向に向けて明快に動き出し、資産価値を最大に引き出すことができる。こうなってこそ生存競争に勝つことができ、中長期を見据えて存続し生き残れる。これがブランドの最大の価値なのである。

わかりやすい一例をあげておく。東京の有名私立大学の理事から相談があった。歴史があり、名のある卒業生も多く輩出している。だが、最近は学生が集まらない、先生に覇気がない、先輩とのコミュニケーションが弱い、PR関連資料（インターネット、パンフレット、パブリシティなど）も明確なものを感じない、などの相談を受けた。

牛の識別焼印がブランドの語源

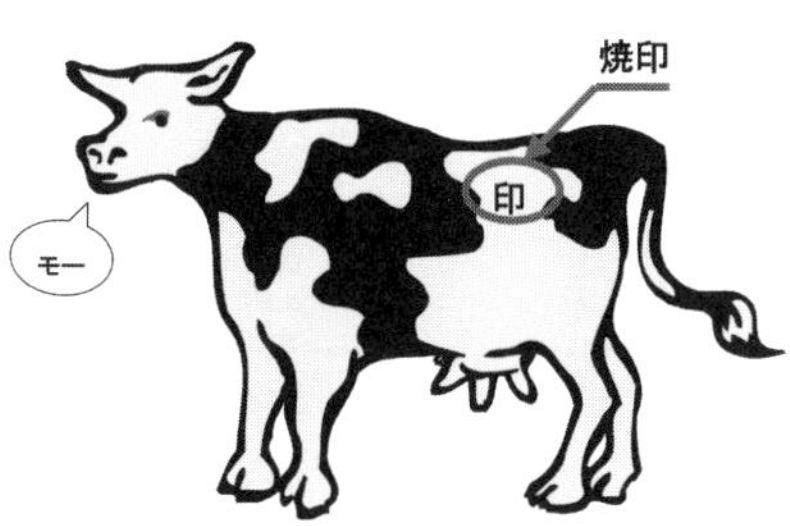

ＰＲ資料を拝見したが、建学精神だけを強調したピンとこないものである。この学校で、今、最も必要なものは、目的を明確にした未来に向けてのブランドづくりなのである。歴史、先輩、講座、魅力、特徴、就職先、未来など、さまざまな視点で検証し、分析し、ブランドを立ちあげれば、未来が開けるはずである。数十年前の建学時の精神は過去のブランドであったことを認識していただき、現在、歴史を大事にしつつ新しい時代を担う若者たちが魅力を感じる新ブランドづくりのプロジェクトが進行している。明確なブランドが打ち出せれば、効率のよいＰＲ活動ができる。無駄な費用もなくなり、正確なメッセージが伝わる。ある病院からも同じような相談を受けているが、病院経営も同じことである。そのほか飲食店や一般の店舗まで、ブランディングが生き残りのキーなのである。

●消費者はブランドの力に納得する

ブランドの話でわかりやすい例としてよくあげられるのが、関サバ・関アジの成功例である。大分県の佐賀関港で水揚げされたサバ、アジは関サバ・関アジとなり高級料亭、高級寿司店で高価な価格で取引される。

ところが豊後水道を挟んで数十キロメートル離れた、対岸の愛媛県の三崎港で水揚げされたサバ・アジは普通の大衆魚として扱われる。価格差は5～10倍になる。基本的には形も味も変わらないのに、である。これこそ佐賀関漁港の徹底したブランドづくりの成功にほかならない。約20年前からスタートしたブランディングである。ただし、漁獲方法に十分手間をかけ魚に傷をつけないように配慮しているのは言うまでもない。

私もたまには寿司店でいきがって高価な関サバの刺身を注文することがあるが、ブランドを注文していることになる。注文し、満足し、そして納得する、これがブランドである。徹底した調査、分析をもとに、ブランドをつくりあげようとして見事につくったわかりやすい実例である。しかしこのブランドが崩れ落ちないように維持するには、品質管理、メンテナンスに、今後も徹底して最大の注意を払う必要がある。たった一度のミスで社会から信頼を失うからである。こうなると容易に元に戻ることはできない。これがブランドの怖さでもある。

ブランド品の値段は、品質管理費用も入っている価格である。大間のマグロ、広島のカキ、釜石のサンマ、讃岐うどんなど、古くから地域特産を売り物にしたブランドは多くある。海外ではフランスのシャンペンがそうである。シャンパーニュ地方でとれたブドウでつくられるが、シャンペンという名は、そこの組合に入っている農家だけに与えられた特権である。加盟していない隣の農家のワインはただの発泡性ワインになる。100年ほど前につくられた法律で保護されたブランドなのである。

船場吉兆、北海道の白い恋人、伊勢の赤福餅などの老舗ブランドも消費期限問題で世間を騒がせたが、どうやら、その後の真剣な対応で明暗を分け決着がついた。どんな老舗ブランドでも、ちょっと気がゆるんだすきに簡単に奈落の底に落ちてしまう。常に緊張感をもってブランドを維持していかなければならない。そうしてこそ、長期にわたって安定したゆるぎない経営が可能なのである。

2011年の地デジ化に向け、薄型テレビへの買い替えでテレビがよく売れている。家電メーカーも、この不況のなかで多少ホッとしている。たくさんの家電メーカーから1社に選択する際、消費者は何を基準にしているかというと、それはまさにブランドである。テレビの液晶画面をはじめさまざまな部品は、各社とも韓国、台湾、中国などから調達し、組み立てている場合が多い。外観のデザインが多少違うだけである。そこで消費者は、価格、デザイン、機能を検討し、最終的にはブランド（銘柄）で購入の決断をする。

たとえば購入の決め手は、こんな使い方をするから、この値段、この機能、そしてこのメーカー（ブランド）で満足し、納得する、ということである。なぜなら外観のケースを取り去れば、各メーカーとも同じような部品で組み立てられているからである。価格差はブランドについたものなのである。たとえいちばん安い商品を買ったとしても、この商品ブランドに満足し、納得して買ったことになる。また洗濯機を購入する際には、テレビを購入したときの満足度に加え、さらにさまざまな主婦の目で見た、機能、使い勝手の要素を加味し、そしてメーカー（ブランド）を決めているのである。

●ソニーブランドよ、甦れ

ブランドと言えばソニー、ソニーと言えば日本の誇り、ソニーは世界のトップブランドとして君臨してきた。7~8年前、私が参加したブランド勉強会でも、ソニーブランドの評価はあらゆる面で断トツの高い得点を獲得した。世界が不況になってもソニーブランドだけはゆるぎないと思っていたが、そのソニーが最近少し変である。不況のせいではない。不況以前から変調を感じていたが、これはおそらく私だけではないだろう。

あの伝説のウォークマンや8ミリビデオのハンディカム、プレステーション2など、常に私たちの周りでは、どのメーカーより一歩先んじて最先端のソニー商品が光り輝いていた。世界のソニー、開発のソニー、ヒット商品のソニーとして植えつけられていた。だから、ソニー商品は高価格で当たり前だった。誰もが付加価値を認め、納得して買った。しかし、そのソニーからプレステーション2以降、いつもの輝いていた商品が出てこない。いつの間にかアップルのiPodやiPhoneに居場所を奪い取られてしまったが、それらの開発型タイプの商品は、本来はソニーから世に出してもらいたかった商品だった。

また液晶テレビも他社より遅れてスタートした。しかも、韓国や台湾から液晶パネルを調達している。高価格でも買ったのはソニーだったから、というのが消費者のいつわらざる気持ちではないだろうか。ソニーの商品をもつことに誇りがあった、優越感もあった、だから高くても納得し満足してきたのである。

いったんできたブランドは、簡単に崩れないものと言ったが、ブランドを維持していく努力が甘くなれば話は違う。世間も簡単に見放す。しかし、消費者は今でもあのソニーらしさを期待している。ソニーブランドはそう簡単に崩れないはずである。ソニーというブランドが余りにも大きすぎたことは事実だが、きっと次のソニーがあるはずである。ソニーDNAに期待しよう。

●地域ブランディングで生き残り競争に勝つ

今、全国各地で街おこし、地方の活性化などが叫ばれている。それに伴いさまざまな活動が行なわれている。それらの「テーマ」と「コンセプト」を比較して見ると、大半の地域が同じようなことをやっている。地域がもっている地域らしさがまったく見えていない。なぜなのか？　それは地方の行政ならではの理由があるからである。その理由とは以下のとおり。

▼突飛なことはやらない。他の地域であったことをやっていれば失敗もなく無難。
▼ソフト的な発想をする習慣がなく内部に人材もいない。
▼地域のビジョン、方向性が不明確。魅力がない。他との差別化感じられない。すなわちブランドが不明確。

などがあげられる。

今まで、全国の地方自治体は、皆が一方向を向いた、いわゆる護送船団方式で進んできた。しかし、今や各地域は生き残り競争の時代に入った。これまでと同じやり方では勝ち残れないことがようやくわかった。経営に失敗したら企業と同じように破産宣告である。各自治体とも、地域の特性を生かし、魅力ある地域づくりをし、間違いのない経営をしなくてはならないのである。そのためには、地域にとって今、そして将来、何がいちばん必要であるかを見つけ出し、それに向かって戦略を立てる必要がある。つまり、マーケティング戦略の導入、そして地域のブランディングをしなければならないのである。

その地域だけがもっているポテンシャル（歴史、自然、産業、人など）を見つけ出し、冷静に分析し、その地域ならではのブランドをつくり、そのブランドを核に、これからあるべき姿を明確に打ち出さなければならない。そうしてこそ、他地域との差別化、競争力、魅力が再発見され、将来の地域の活動が一貫してつくり出され、中長期に向け、ゆるぎないものになっていく。

次ページの図を参照していただきたい。地域のさまざまな要素を分析し地域ブランドをつくりあげると、地域の中長期のビジョン、短期の施策が見え始める。イベントや活動などの目的がはっきりし、意義も価値も高いものになる。そして住民の意識もブランドの元に一つにまとまっていくのである。

●地域ブランドをつくりだす四つの要素

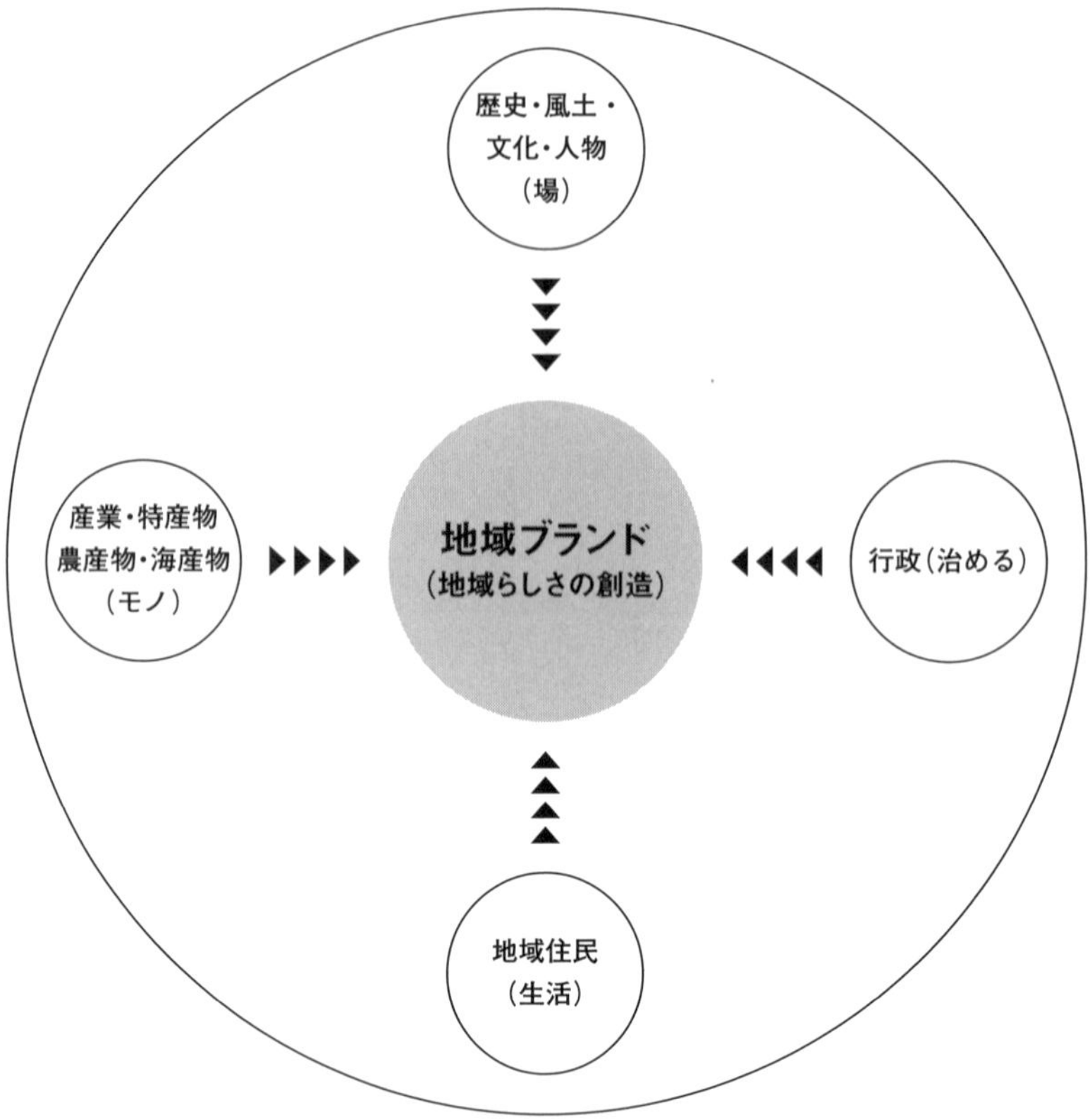

仕事上、私も全国各地域に行く。そしてさまざまな課題を見聞きしてきた。外から見るのと内側にいる人との地域に対する見方のギャップは相当なものがあると感じてきた。内側の見方、すなわち長い間住んでいる方の見方は、どこの地域でも信じられないほど狭く内向きであり、しがらみから脱し切れない。

しかし、それでは何も変わらない。外からの外科手術や輸血による思い切った改造がなされなければ変わらない。または、宮崎県の東国原知事や大阪府の橋下知事のように、トップが過去のしがらみを断ち切る勇気なり意志をもって立ち向かわなければ、内部でのやりくりだけでは、永久にしがらみからは抜け切れない。

一般的にはどこの自治体も、この外科手術、輸血をすごく嫌う体質がある。なぜなら選挙、議会、住民と行政、すべて地域内部の完結型だからである。たとえば外から「街についてのアドバイザー」を呼んで講演を聞くことはあるが、一緒になって同じ土俵で討論する場所はほとんどないのが現状である。異口同音に「よそ者にはわからないよ!」と発言される。これでは前に進まない。

これからの街の活性化は、アドバイザーと住民、行政職員とが車座になって勉強し、意見を出し合いながら、新しい街のブランドを謙虚に見つけ出すことである。

●イタリアの国家ブランドを見習え

国家ブランドと言っても物騒な話ではない。魅力的なブランドづくりをしている国の話である。イタリアやスペインは、ともに観光立国を目指している国として、それぞれの国のブランドづくりの意図が伝わってくる。とくにイタリア共和国は、国全体とそれぞれの地域がみごとに調和し魅力づくりを演出している。どこの地域に行っても、陽気なイタリア人気質に加え、観光国として国民全員の意識が高いことを感じる。

古代ローマ時代からの世界遺産を多数もち、ミケランジェロ、ダビンチなどの芸術家を輩出し、日本人が好きなグッチ、フェラガモなどの服飾・装飾の有名ブランドメーカーをもち、おいしいイタリア食もある。一方、国内面の政策は産業、工業、農業もバランスよく発展している。これらの豊富な資産を最大限に活かしたブランディングを行ない、世界の人々に上手に自国のＰＲをしている。日本でもイタリアフェアーが頻繁に開かれ、当然ながらイタリアのファンが増加している。

イタリアと日本を比較してみると、ローマ帝国時代からの歴史において見劣りはするものの、文化や自然、四季を含めた資産では負けてはいない。絶対に負けているのは、世界に向けての日本ブランドが確立されていないということである。それに日本人の内弁慶気質が加わり、自国を世界に向けてＰＲする意識の低さ、プレゼンテーションの下手さを感じるのである。

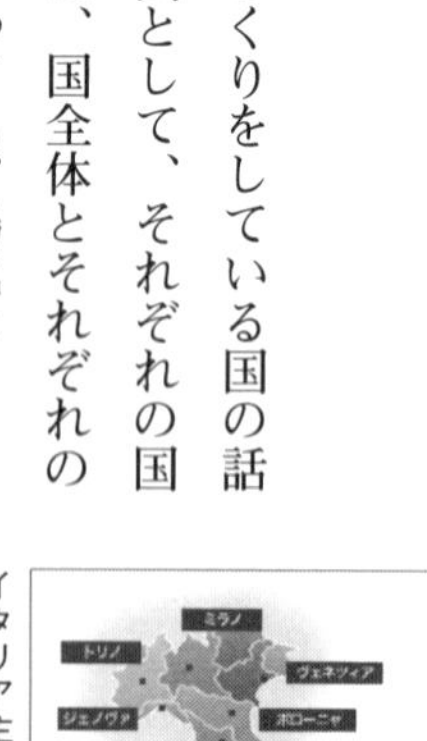

イタリア主要都市。どこの街でも感動と出会える。

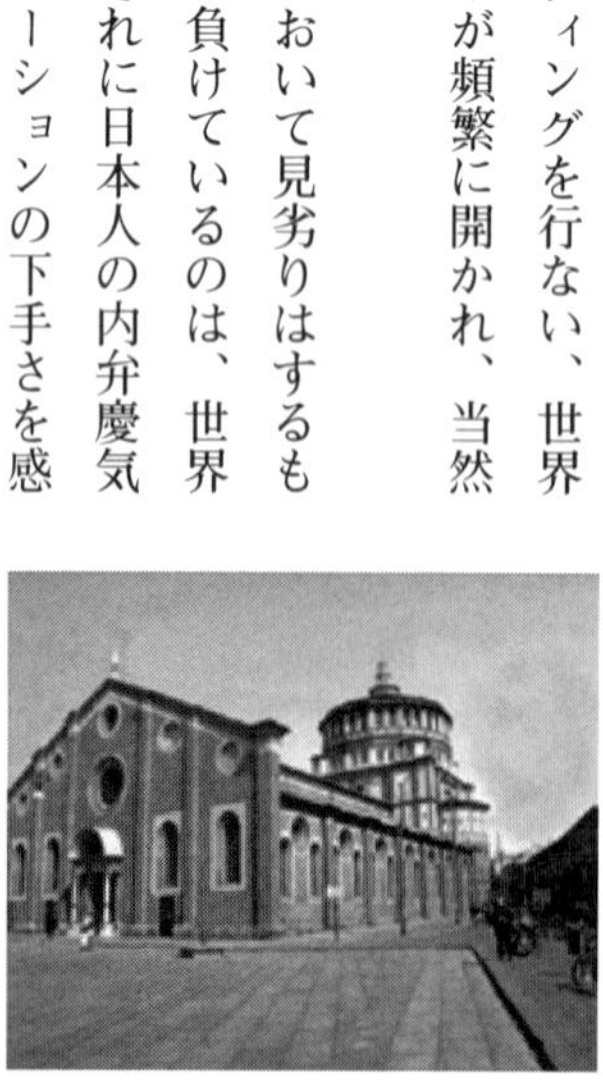

「最後の晩餐」が観られるサンタ・マリア・デッレ・グラツィエ教会。

経済面だけでは世界から信用されない。日本全体のすばらしい資産を国際社会に提示していかなくては、世界から置いて行かれてしまう。一刻も早い施策が必要だろう。

人が集まる、動く、感じる

●都市には魅力的な屋台がたくさんある

なぜ都市には人が集まってくるのか。いくつか理由が考えられる。便利（公共交通機関、公共施設、買物など）で仕事がある、労働賃金も高い、カルチャー度が高い、有名なお店がある、アミューズメント施設が多くあるなど、地方よりさまざまな機能や情報が集約されているということである。しかし大半の都市生活者は、実際には、それらの機能や情報のほんの一部を利用しているにすぎない。自分の周辺に常に多くの機能が存在していることに満足しているだけなのである。人間のわがままな欲望である。

次に考えられる理由は、都市は自由であるということである。誰にも干渉されたくない現代人は、地方にあるような近隣の目、監視の目に耐えられない。とくに若者たちは、自分を自由に表現したい、自分の好きなファッションを自由に着たい、だから、田舎のうるさい目から解放されたいと願って都市に逃避していると言ってもいいだろう。

ところで、都市の人々が、混みあった街で、他人とぶつかりながら歩いている姿を、じっくりウォッチングしていると、人同士というより「モノ」と「モノ」が歩いているような、ぞっとする世界を感じたことがあるはずだ。朝の満員の通勤電車も同様である。アカの他人と体を密着させながら無言でやりすごしている姿は、不思議な世界である。

都市には新築マンションが続々建てられている。そうしたマンションには自治会というコミュニティがある。田舎にあるコミュニティは助け合いを基本とした運命共同体だが、それとは雲泥の差の無機質な利益共同体である。本来、群れをなす特性をもつ人間にとっていちばん重要なはずの、「住」に関してのコミュニティを結成できないのはなぜなのだろうか？　実はこれが「都市の魅力」につながっている。

上述したように、人は機能や情報を求めて都市生活者になる。たまたま同じマンションを買って集まった住生活者同士には、マンション購入という動機以外に「人」としての共有点はない。だから、お互い干渉したくないし、されたくないのである。「住」は自分と家族だけの棲家であり自己実現の場なのである。

その代り、都市には、同好会的なコミュニティが、まるでひと房の葡萄のひと粒ひと粒のようにたくさん存在する。趣味のグループ活動などでは、すぐにコミュニティらしきものを形成する。また、1人でいくつものコミュニティという粒をもつ人もいる。情報があふれている都市には、都合のいい束の間のコミュニティがたくさん存在している。そして、自分にとって都合のいい時間が終了すれば、また、なにごともなかったかのように分散する。さまざまな粒のようなグループに参加し、フィーリングが合わずうまくいかなければ、外れて別な粒のグループに入る。すなわちリセットして簡単にやり直しができるのである。自由自在の集合体である。

自分にとって最適な情報を見つけやすく、また探しやすい環境をもっていることが都市の魅力である。そのなかでたまたまフィットしたものが次第に楽しみとなり、一生の生きがいとなっていく可能性がふんだんに存在しているのも都市の魅力である。まるでお祭りの屋台のようなものであるとも言える。その屋台が各々のコミュニティと考えれば、たまたま出くわした人が瞬間的に顔を見合わせ、そして散っていく、ということなのだろう。お祭りの屋台のようなコミュニティがたくさんあることが楽しい街を形成しているのである。

●これからの「住」に求められるもの

これから長く住もうとする街は、娯楽性＝アミューズメント性が充実していることが大事な条件である。少子高齢化、年金問題、世界同時不況の嵐など、さまざまな問題はあるものの、生活は多様化し、モノには満たされ、時間にも余裕があり、豊かな時代であることは間違いない。最近こそ不動産売買は低迷しているが、5～10年もたてば、また活性化することだろう。繰り返しの世の中だ。

子育てを終えた主婦たちは、スポーツ、カルチャーなどの自分磨きや、楽しいことにたっぷりと時間を費やしている。世間に注目されて定年を迎えた団塊の男性たちもやっと落ち着き、街に繰り出し、スポーツジムや料理教室で、女性に負けないほどの元気オヤジぶりを発揮している。ファッションも若者に負けていない。街中では、いい感じで若者とオヤジが同居している。

このように考えると、私たちの街での暮らしは、住み、家庭生活を営むと同時に、昼夜を含め、大半の時間を「住まい」以外で消費していると言えるだろう。アクティブで、アグレッシブで、人との接点があり、賑やかで、さまざまな機能が充実した街そのものが棲家になっているのである。自分が一生住む街だからこそ、数十年先を見越して満足して棲むことができる自分のライフスタイルや価値観にあった「棲家」、すなわち自分の素敵な街を見つけ、選ばなければならないのである。

また、こんなことも言える。最近はとくに新線が開通して新駅ができると、その周辺にニュータウンが開発される。そして、いきなり超高層マンションの住居ビルが駅前を占領する。駅周辺には、きれいにデザインされ、洗練されたマンションが他の施設に先駆けて建設される。これがパターンである。駅に降り立つと、覆いかぶさるような高い建物に囲まれる。怖いくらいである。マンションの1階にコンビニがある程度で、商業施設はあまり見当たらない。見かける人といえば、小さな子ども連れの若い家族の姿が大半である。緊張して落ち着かない。

人間は「緊張と緩み」の両面のバランスを取りながら生活している。これは心理学的な事実である。とくに住まいの周辺には息をぬける、安心できる、気がぬける、気が休まる街を求める心理が働いている。だから、きれいなデザインだけでは、時間経過とともに何かが足りないと感じるときがきっと来る。開発されたばかりの今は、夕方になると、若いお父さんが駅から真っ直ぐ帰宅する姿を見ているが、数十年後には若い夫婦もエルダー層になる。子どもも巣立ちをする。家に帰るまでの間に、ちょっと寄り道したくなる機能がある街でなくてはならないのである。

これからは、マンションデベロッパーが先行した駅前づくりではいけない。生活機能（ショップ、病院など）、人の心理、行動学に基づいて設計したものでなければならない。人間が一生満足して住む街は何が必要かを考えた新しい街づくり、数十年単位で考えた街づくり、第2、第3の高島平団地を出さないためにも、大きな視野で先を見越した優秀な街づくりプロデューサーが必要なのである。その意味では、東京の東急電鉄沿線はみごとにそれらを加味した駅周辺開発を行なっている。数百年という時間を視野に置いた長期計画プロデュースが成功している。

●デベロッパー好みの危険な街づくり

銀座、新宿、渋谷のような遊びに行く街や観光地、それにビジネス地区は別にして、普通の生活者が住む街は、建築家たちの作品集や遊び道具になってはいけない。だが、今、新しい街は無秩序にデベロッパーの不動産投資ビジネスの場になっている。売らんかな、の姿勢でビルがつくられている。そのために著名な建築家、デザイナーが投入され、「デザインナー」や「アーキテクト」の作品として高層マンションがつくられている。その結果、外観は若者向けの奇抜なデザインのビルが無秩序に乱立した街ができる。だが、前述したように、街は何十年、いや何百年タームで考えなければならない。私たちの子孫が利用するものとしての価値を考えなくてはいけない。

そう考えれば、答えはおのずから出てくる。街づくりをデベッロッパーに任せていいのかということである。行政を含め、環境やデザイン規制を厳しくし、まず整然とした区画整理を行ない、次に街のインフラ、機能を決め、そして開発を進めていくべきである。50年、いや100年先を目指した計画、人が行きかう街を目指さなければいけないのである。どんな街でも長い年月を経て現在に至っている。街づくりには、まずこれを考えなくてはならない。そうでなければ、結局、デザイン競争でつくられ、無機質のビルが林立し、数十年後は、潤いと味のない、寂しい街並みになってしまう。「心がなごむ住む街」にはならない。「魂が宿らない街」になりかねない。これからの街づくりは、本来、街がもっている風土、成り立ち、歴史を加味して開発を考えなくてはならない。東京の中心部や繁華街を見習ってはいけない。ここは日本にとって唯一の、つくっては壊す積み木遊びが許される場だからである。将来に禍根を残してはいけない。

●ハレとケが同居している街・船橋

住めば都と言う。誰でも自分の住んでいる所を正当化する傾向がある。その証拠に、誰がなんと言おうがふるさとは絶対である。子どものころ、目に焼きついた風景やできごとはすべてが宝物である。また大人になってこれから住んでみたいところは、と聞かれれば、人それぞれ思い描く場所がある。だが、現実的には、そこに住めないことが多い。さまざまな事情で夢と現実の差が出てくる。そして、数ヵ所を転々としながら、次第に定住の地を決めていく。

社会人に成り立てのころ、私は練馬に住んでいた。将来は、横浜方面に住みたいと思っていた。しかし、趣味を活かすなどの理由もあり、30歳ごろに千葉県の住民になった。神奈川方面に定住の地を選んでいった大半の同僚から、なんでわざわざ千葉に行くのかと言われた。千葉で3回住まいを移した。今は船橋駅前のマンションに住んでいるが、最高の満足感を得ている。東京まで快速で25分程度、横浜と同じような時間と距離で、通勤の足もJR、私鉄、地下鉄などが乗り入れている。イメージはイマイチだろうが、やっぱり住めば都である。

総武線沿線を探索してみると、船橋は大変エキサイティングな街だと思う。それは街の条件がすべてであるからである。駅周辺にはさまざまな機能がそろっている。陽（ハレ）と陰（ケ）が同居しているとでも言ったらいいのかもしれない。駅前には大型デパートが二つ、大型スーパーが一つ、そしてさまざまな商業店舗、無数の夜の世界の店が横町の路地という路地にぎっしりと詰まっている。駅を中心とした半径約300メートルの迷路のような路地があるなかに、文化施設も含め、すべてが盛り込まれた「てんこ盛り」の街ができあがっているのである。

駅も広くきれいになり、若者たちの活気ある声が飛び交っている。駅構内の広場には、ミニライブの演奏や歌声が響き、元気な船橋を物語っている。仕事帰りに駅前をぶらつき、ちょっと一杯の気の利いた店を探し出すのも楽しみである。このようにさまざまな街の機能が凝縮している街は、そう多くはない。楽しくてワクワク、ウキウキする街である。

しかしその船橋も20年前までは雑然としていた。だが、今は、清潔さのなかに混沌が同居し、界隈性溢れるなか、日々変革し、成熟し、また脱皮している。ますますアクティブで素敵な街になっていくことだろう。このように陽と陰（ハレとケ）が同居できる街こそ飽きない街なのである。満足度も高い。しかし文化的な面では、まだまだ遅れている。たとえばコンサートなどの文化イベントは、最近やっと増加してきた。だが、それは押しつけではない。心の豊かさを求め始めた市民たちの要求から自ずと出てきたものである。船橋が物質両面で満足できる街にグングン変容する姿はうれしい。適度の賑やかさや活気が人を動かしていく、そんな街に育ってきている。街の周辺や背景に住宅がうまく配置され、老若男女がいつも楽しんでいる。船橋は、飽きない、アグレッシブな街である。

夜の船橋駅周辺。気のおけない店を探す楽しみがある。

昼の路地。活気溢れる老若男女が行き交う。

●人は人の集まっているところをのぞきたがる

人は孤独では生きていけない。人のよりどころは、やはり人と言える。日本の祭りの風景を見たことがあるだろうか。群れをなしているところに、人が集まってくる。みんな笑顔をたたえてぞろぞろ集まってくる。街中でも人だかりのしているところは、なんだろうかとまずのぞいてみたい心理になる。自分もその仲間になって情報を得たい心理、遅れてはなるまいとする心理、分け前を得たいと思う心理、誰でもこのような心理が働くのである。これが群集心理である。人と同じ情報を得ておきたい、自分だけ取り残されたくない、また一度のぞいてみれば自分にとって価値があるかどうか判断できる。それによって安心してその場を離れられるのが人間心理なのである。

人を集めるにはまずこの人間行動心理をうまく利用することである。イベントは実施される場所までわざわざ人が来てくれなければ意味がないが、先に述べたのぞき心をうまく利用すれば人は集まるのである。

しかし、事前にその内容がわかった場合はどうだろう。その場合、人はまず今までの経験を元に、頭のなかで行ってみる価値があるかどうか判断する。とにかくのぞかなくては、という気持ちや、取り残される不安、という気持ちにはならない。つまり、面白そうだと思わせても中身を暴露してしまうと、魅力は半減してしまうのである。ここがPRやイベントのむずかしいところでもあり、お客さんとの駆け引きであり、心理合戦でもある。

たとえばショッピングセンターのオープニングと聞けば、何時間並んでも行く人がいる。いつでも行けるはずなのだが、その人には誰よりも早く情報を得ておきたい心理、お得なことがあると思う心が働いているのである。これは店側にとって大事なチャンスでもある。マスコミからの注目と同様に、この人たちの今後の口コミが店の評判を決めてしまうからである。

博覧会でも同じことが言える。炎天下で、人気パビリオンを数時間待ち続けている家族連れを見るのは痛々しい。だが、それでも待ち続ける。人間ののぞき心理の極致といったらいいのだろう。欲しいものを買う行動と同じで、評判の高いライブ（生）体験は人間の永遠の欲望なのである。いいという噂のものなら五感で確認したいし、そして満足したいという行動が人間の本能と言っていいのではないだろうか。

●賑わいをつくる

人は楽しいところ、何か期待できるところ、得になるところに集まる。人からの情報を得て興味が沸いたり、たまたまその場に出くわし、その雰囲気に惹かれたりして集まるのである。そのためには、「場」の「賑わいづくり」が重要なポイントになる。人が集まっているところで足を止め、何だ、何だ！とのぞきこむ心理と、装飾的、デザイン的な空間の賑やかしさに釣られる心理の二つが大事なのである。そのためには「場」の演出創造がキーとなる。

「賑やかし」演出法には、

①色彩がカラフルで華やか。

②形、サイン、のぼりなどの演出ツールがユニークで目を引きつける。

③音（太鼓、笛、音楽）が、心地よくリズミカルに聞こえてくる。

④人による呼び込みや、踊りなどの、豊かなパーフォーマンス。

⑤食欲をそそる「いいにおい」が漂う。

これらすべてが空間のデザインの素材になる。「お祭り」は、まさにこの集合体である。提灯、紅白幕、太鼓、衣装、屋台、すべてが「賑やかし」づくりの有効な材料だ。これに集まってくる人々の楽しそうな表情や動きが加わり、ウキウキ感がつくりあげられる。

チンドン屋は究極の「賑やかし」の凝縮であり極致である。新規の店舗のオープンや、お客さまの入りが減った店、また新たに人を集めようとする時、「賑わい」がつくりだせれば、かなりの確率で成功する。これがさらに話題をつくり、口コミにもつながっていく。よく新規オープンの店舗の行列で「サクラ」と言われる店側の回し者が並び、人による賑やかしをつくることがある。これなど、昔からある演出手法である。

だが、「賑わい」が本当にできているかを、冷静に分析して見る必要がある。整然、美しい、きれい、清潔感があるだけの空間では、人は魅力を感じないし、動かない。きれいと思うだけである。ある程度、雑然とした安心感も大事である。初めてのお店に入るとき、入りやすい店はなんとなくホッとする。安心感がある。人もほかの動物と同じで未経験の最初の場に入るときは自然と身構え、警戒感をもつ。自己防衛の一つである。子ども連れの場合はとくにそうである。入りやすい店の空間を注意深く観察し、環境を見渡してみると、今まで気がつかなかった自分にとっての心地よさを、少しずつ感じ、発見できるようになる。空間プロデュース感覚である。

同じ賑わいでも、お祭りやイベントは、開催期間があり、終われば、また来年までのお楽しみとなる。店舗などの常設の集客空間では、この賑わいを継続的に続けなくてはならない。そのための工夫が必要だ。何故なら人は飽きる動物だからである。

●人は西から東に回遊する

街の中心機能に対し、住まいの機能は西から充実していくと何かの本で読んだことがある。たとえば駅を中心に考えてみよう。大半の街は、一般的に、まず西側から開発発展し、次に東側が続く。あなたの住んでいる所や、昔からある駅の周辺にこの原理を当てはめれば思い当たるはずである。しかし、これは決して偶然ではない。人間の行動心理に由来する。集落が定着し始めた縄文・弥生時代以前から存在していたのではないだろうか。

もっと具体的考えてみよう。たとえば東京を中心に見るとまず横浜が発展し、東の船橋は後発になる。私が住む船橋を考えると、西船橋が栄え、駅が後からできたにせよ東側の東船橋は発展が遅れている。

最近開発されたような、畑の真ん中にできた新駅をウォッチングしてみると、地形的に無理な場所では例外があるが、みごとに、西側のスペースから開発され、ビルや住宅マンションができ、その後しばらくたって東側に移っていく。これは街づくりを考えるときには必要な条件であり、土地の資産価値を想定するのにも有効な考え方である。

そこで次のような考え方ができる。人は太古の昔から、自由に居を構えることができる場合、仕事場に対し、まず西側に居を構える行動を起こすのが自然のようである。たとえば、植物が太陽に向かって育つように、動物や魚の群れがある法則で回遊するように、人の行動として自然に身についているのではないだろうか。また、朝、職場に向かう時、朝日に向かって出勤し、西日に向かって帰ることは、気持ち的にも自然なことなのではないだろうか。日が昇っている間の1日を目一杯使うことができるからだ。

ところが、東側に居を構えると、朝も帰りも背中に太陽を受け、自分の影を踏んで帰ることになる。大昔の狩猟時代、西側から東に向けて狩猟に出かけたほうが1日を有効に使える。農耕時代もそうだろう。鍬をかついで農作業に行き、そして帰る姿を想像してみればすぐにわかる。西から東に向かって街が発展していくのは、数十万年かけてつくられた人のＤＮＡによるものかもしれない。これはまさに壮大な人間行動論であり、現代の都市開発につながることなのである。

●人の動線は左回り

人は不思議な行動をする癖がある。人が集まるところでは、この癖を活かした計画をすれば混乱を防ぐのに有効である。それは、毎日の生活のなかで誰もが気がついていることだが、規制がなければ人間は自然に通路の左側を歩くということである。歩道上を対面して歩いて来た場合、なぜかお互いにスルリと左側通行になる。通勤で混み合う駅の階段、深夜の初詣、博物館の展示品を見る時、ショッピングセンター、映画館など、人が多く集まる場でウォッチングすると、この傾向がとくに顕著であることに気づく。

たとえば一挙に大量の人が通行するお祭りなどの大混雑時には、このことを知って整理しないと人がぶつかり合ってしまう。混乱が起こるだけでなく、時には事故になる。いちばん重要なことは、緊急事態の避難時の計画に、このことが考えられていなくてはならない。左側に沿って逃げる避難通路や避難口が用意されていることは常識なのである。

また展示施設などは、基本的に左回りの動線になっている。これも人間の癖を理解し計画されているからである。大きな空間がある博物館などの場合、左回りでも右回りでも自由に動線がつくられているが、大半の人は整然と左回りを選択する。以前ある展示施設の構造上、やむなく一部のコーナーだけ右回り動線にしたところ、みごとに失敗した。右回りのコーナーはお客さまが落ち着いて展示を見てくれないのである。狭苦しくても左回り動線に修正した後は、即座に回復した経験がある。

建築の構造上やむを得ない場合もあり、すべてが左回りとはいかないが、人はすべての場で、左側による癖をもっていることを前提に計画することが無難である。たとえば指定席のない映画館や講演会なども左側から席が埋まっていく。その後、右側の壁側、そして真ん中と埋まっていく。当然、商品を売る店舗も左回りのほうが、ゆっくり落ち着いて品選びができる動線になる。大きなショッピングセンターでは最近パティオ（中庭風）を取り入れている空間に人気がある。今までのレイアウトのように通路の左右に店舗を配置するのではなく回廊風にしたことで、自然に一方通行になり左側通行が形成される安心感があるのではないだろうか。

人の左回りの行動は、からだの左側にある心臓を無意識のうちに防御しているからだと言われるが、本当のことはよくわからない。日本では車は左、人は右となっているが、歩行者のことを考えたら、本当は、車は右で人は左が自然ではないだろうか。イベントなどで人が意図的に集まる時、主催者や計画者がこの癖を知って計画を立てるかどうかは、非常に大事である。人が気持ちよく穏やかに行動でき、また緊急時には、無理なくスムースに非難行動ができるからである。

「新鮮さ」「期待感」を感動へとつなげる

●空間デザインが心地よさを決定する

居酒屋に行き、素敵な店だなと思う時の要素はテーブルや席の間隔である。このことは案外知られていないし、気づかない。インテリアなどのデザインに目が向き、そのせいだと思いがちである。ところがそれは違う。テーブルや席の間隔が人の生理に無意識に働き、瞬間的に居心地を判断しているのである。このことを知って設計すれば心地よい空間ができる。人が集まらないと悩んでいるお店はもう一度この点を見直す必要があるだろう。人と人との間には、心地よい間隔があるのだ。

また、重要な商談やむずかしい話をするときは、向かい合わせの席よりも横向きのカウンターテーブルがいいと言われる。対面式のテーブルで、顔を見合わせたままだとなかなか本音が話せない。横並びでじわじわと話を盛りあげていくのが、コミュニケーションのテクニックなのである。ムードが必要なカップル席も横並びがよいようである。

朝、始発電車で人が席に坐って行く順番を見ていると、いつも笑ってしまう法則がある。まず席の両端から埋まり、そして真ん中にという順に坐っていく。あっという間に満席になってしまうのに、である。そして満席になると隣の人とちょっと接触する。本来不快を感じるピッチである。しかし、これくらいの我慢はしょうがない。最悪はエレベーター内である。満員のエレベーターは不快をとおりこす。数秒から数十秒の間、我慢して息をこらして、目のやり場に困りながら、降りるのを待つ。

都市生活者は、他人は人格のない「モノ」と考えている。「モノ」だから黙って見過ごすことができるのだ。電車のなかでお化粧している女性も「モノ」なのである。ショーケースのなかのマネキン人形と思っているから許せるのである。

●角ばったデジタルから柔らかいアナログへ

1980年から1990年くらいまでがデジタル化ブームの頂点だっただろうか。世の中すべてがデジタル化に推移していき、国民がパソコンに興味をもち、手に入れ始めた時代でもあった。デジタル言語は「0」か「1」でできている。すなわち曖昧さがない世界である。すべてがシビアになり、会社の成績評価も1から10段階くらいまで細かく査定されるようになった。

それにつれ社会風潮も変わっていった。生産物が大量生産で画一化された。車のデザインも丸みを帯びていた形から角ばった形へ変わっていった。産業ロボットを使い効率的にたくさんの生産が求められた。

しかし本来人間は考える動物である。デジタル社会はなんか変だと気がつき始めた。とくに男性よりも女性がそうだった。女性は本能的な知覚構造が男性と違う。心や気分を大事にした生き方が性に合っている。その証拠に、ファッションや化粧は個性豊かである。それぞれが自分のスタイルをつくり、豊かな彩りを演出している。とくに未婚女性が多くなった今の社会は、彼女たちのパワーがデジタル社会をアナログ社会に引き戻したと私は思っている。車も柔らかい曲線をもったかわいい車が多くなってきた。街のなかの女性のファッションも、そんなのありっていう服装でデコレーションされている。現在の社会は、経済的には厳しく苦しいが、日本の街中は、なんとなくホットで、ゆとりがあると思えるのは、女性たちのおかげである。そして、こうした傾向は、アナログ社会に戻ってきた表れではないだろうか。

日本人は他の国のいかなる民族より本来がアナログ民族だと思う。なぜなら昔から「わび・さび」を愛し、俳句や短歌を好み、自然の恵みを眼、耳、鼻、肌、舌の五感をフル回転させて感じ、それらの微妙な喜びを引き出し、庶民から上流階級までが楽しんできたからである。そして、それを季節の風物詩として全国民が理解してきたのである。風鈴の音、小川のせせらぎ、春の匂い、たけのこの食感など、数えあげればきりがない。

外国人は秋の虫の声が雑音に聞こえるという話を聞いたことがある。ここにも日本人の、微妙な曖昧さを楽しむＤＮＡをもった民族性が表れている。そして、イエス、ノーを言わないとよく言われる。曖昧に答える日本人と外国人との間で、契約問題でよく「いざこざ」が発生する。その理由は、いわゆる「あうんの呼吸」という体質の差である。これもアナログ派日本人の本質と言えるのではないだろうか。

●「ひかり」は生活の魔術師

私は「ひかり」や「あかり」を題材に、多くのイベントや空間をつくってきた。「ひかり」がもつ可能性、表情は、今後もますます面白く、楽しく、美しく、人びとの心を癒してくれるはずである。たくさんの「あかり」や「ひかり」は昔から存在していた。私たちは生活のなかで、それを当たり前のように利用してきた。ろうそくの明かり、焚き火の炎、提灯のあかり、ホタルのひかり、月のあかり、かがり火、漁火、花火、街の灯り、影絵など、種類や形はまったく違うが、これらの言葉を聞くだけでもホッとする。懐かしい気もしてくる。

最近はレーザー光線や、LED（発光ダイオード）、液晶、有機や無機EL（エレクトロ・ルミネッセンス）などの新しい「あかり」や「ひかり」が続々と出てきた。従来のあかりを一掃する勢いである。家庭のなかの「あかり」の主役だった白熱は省エネのために、近々すべて蛍光灯に代わると言われている。その新しい「あかり」や「ひかり」も、私たちにとって便利で効率的ですばらしいものになりつつある。

私が以前から機会あるごとに、「あかり」「ひかり」を主役にしたパビリオンやイベントを企画し、つくってきたのは、その凄さ、可能性、ありがた味を感じ取っていただく機会をつくりたかったからである。「あかり」「ひかり」は当たり前のように、何気なくいつも私たちのそばにあり、便利で豊かな生活を謙虚に演出してくれる。このことを、たくさんの人々に再発見していただき、そして、家庭のなかの「あかり」がもっと効果的に上手に使えることに気づいてほしかったからである。

たとえば電気スタンドを、食事中、壁に当ててみると柔らかい間接照明になる。家庭で開くミニパーティーでローソクのあかりの演出など、身近で素敵な楽しい生活の工夫などがそうである。また照明器具購入時のヒントになるかもしれないし、無駄なあかりを使わない省エネにも寄与するかもしれない。「あかり」や「ひかり」は生活の「魔術師」であり、誰でもスイッチ一つで操ることができる。もっともっとあかりについて気を使ってほしい。そして楽しんでほしい。実際に私が企画し、あかり、ひかりが主役のイベントや空間をつくり、多くのお客さまに楽しんでいただいた例をあげておこう。

▼大井競馬場のナイター競馬（トゥインクルレース）

１９９０年から3年間、ナイター競馬で話題になった幅２００メートル、高さ25メートルの巨大映像装置「ライティングキャンバス」。マスコミにも頻繁に取りあげられた。特許も取得した。

▼藤城清治氏の影絵のパビリオン

影絵を博覧会のパビリオンに登場させた。１９９３年以降、三つの地方博覧会でそれぞれ、最高の名誉であるエキスポ大賞を受賞。

▼１９８９年、仙台グリーンフェアの光のパビリオン

街（車のヘッドライト、街灯、ビルのあかりなど）や家庭のあかり（電気スタンド、天井灯など）を、それぞれオーケストラの楽団員と見たてた「光の音楽会」を演出。また、巨木の幹、枝と葉をすべてまっ白に塗り、舞台照明を当てて日本の四季を表現した。

▼1989年、名古屋デザイン博覧会のパビリオン

天井や壁に仕込んだ多数の舞台用照明器具で、サークル状に坐ったお客さまを舞台の上の役者と見立てた。お客さまに照明を浴びせ、舞台の上の主役に仕立てた「ひかりシアター」。

▼2005年、愛知万博のパビリオン

巨大な万華鏡のなかをお客さまを乗せたライド（乗り物）が通過するシーン。数万個のLEDを使った宇宙のシーン。ブラックライトを使った巨大な青い地球のシーン。数十本の巨木を白く塗って里山の風景をつくり、日本の四季のすばらしさを表現するシーンなど、舞台照明やLEDで光の空間を演出した。

●「音」の魅力をデザインする

「音の魅力」というよりも「サウンドの魅力」と言うほうがイメージが沸く。音は光と同様、空間演出の素材やテーマに大きな影響をおよぼす。これも興味をもっているものの一つである。五感のうち、聴覚という感覚が受けもつ「音」の領域は、視覚と違い、ちょっとあやふやでしかも不思議な感覚である。人間にとって意識されにくいところがある。なぜな

ら目に映るものはインパクトが強い。残像が残りイメージしやすい。目に映り込む瞬間のシーンが脳と一緒にイメージをつくり出す。また味覚、嗅覚も意識は高い。

しかし「音」は一般的には意識化しにくい。うるさい、やかましい程度の判断である。たとえば、この瞬間の身の回りの音を意識してみるといい。今までに気づかなかった、驚くほどのさまざまな音が聞こえてくるはずだ。また、オフィスのなかでデスクワークをしているとしよう。音を意識しながら仕事することは少ないと思うが、注意深く聞き耳を立てると、さまざまな音が存在していることに驚くはずである。遠くの車の音、風がガラス戸に当たる音、部屋の内部で言えば、話し声、足音、コピー機の音、携帯の音など、すごい種類の音が発生している。しかし人間は、必要な音以外は聞こえていても意識しないように脳が働いているという。

素敵なお店やショッピングセンターなどで、妙に居心地がいいと感じることがある。なぜかなと、あたりを見渡してもよくわからない。空間のデザインがいいのだろう、などと納得してしまうが、実は音もうまくデザインされているのである。目に見えないため気がつきにくいだけなのである。これが、最近注目されているサウンドデザインである。

サウンドデザインは空間設計の究極的な領域かもしれない。BGMという領域を超えて、音の演出、音のおもてなしとして、形や色、あかりと同じレベルで考える価値がある。

街のなかでも同じである。街全体の「音」の環境を考えなければならない。もはやそういう時代なのである。そして、これは街づくりのプロデューサーの役割である。私たちは、室内や車など、ミュージックを聞くためのオーディオ装置については当然のように気を配る。だが、もっとサウンドの快適さを見つけ出し、デザインしたサウンドを生活に取り入れると楽しさと快適性が増すことに気がつかなければいけない。

●地球カレンダーと100人の地球村

地球カレンダーをある機会で知り、衝撃を受けた。これを使いさまざまな表現ができるとピンときた。そして、使うチャンスを狙っていた。

地球が誕生してから現在まで46億年が経つ。このとてつもない46億年の長さのできごとを1年、12ヵ月、365日のカレンダー仕立てにしてみると、グンと身近に感じることができる。たとえば原始生命の誕生は39億年前(2月25日)、世界の大陸の形成は14億年前(9月11日)、恐竜時代の始まりは3億年前(12月13日)、新人類ホモサピエンス誕生は20万年前(12月31日PM11時37分)、第2次世界大戦は70年前(12月31日PM11時59分59秒5)という具合である。

この地球の誕生と現在までの劇的な歴史は驚くべきものである。さらに人間にスポットを当てれば、その地球の恩恵と同時に人間の浅はかさ、今後やらなくてはならないことなど、あらゆる課題を引き出すことができるすばらしい素材である。

たまたまある電力会社で新しい大型電力PR館新設のコンペの機会があった。コンセプトを「地球46億年の贈り物」として企画、プレゼンし、みごとに受注した（これについては巻末の私の作品で紹介）。これからもイベントや展示でこのテーマやモチーフを利用し、さまざまな演出上の課題を解決するつもりでいる。

以下に、この地球カレンダーの凄さの一部をご紹介しておく。ビッグバンで地球が誕生し、地球が形成された時を1月1日午前0時0分0秒とし、現在の今を12月31日午後12時00分とすると、いろいろなことが浮かびあがってくる。

ちなみに、カレンダーと46億年を比較すると、以下の数値が導き出される。

・12ヵ月（365日）約46億年とする
・1ヵ月　約3億8000万年
・1日　約1250万年
・1時間　約53万年
・1分　約9000年
・1秒　約145年

［地球カレンダー］

1月1日午前00時　（46億年前）　原始地球誕生（ガス状）
1月12日　（44億5千年前）　原始地球に天体衝突、地球と月が分離
1月16日　（44億年前）　地殻形成

2月9日　（41億年前）陸と海が生まれる
2月25日　（39億年前）原始生命誕生
3月9日　（35億年前）バクテリア（石油の元になるプランクトン）が発生
6月28日　（22億年前）地球凍結
9月11日　（14億年前）大陸形成
11月14日　（6億年前）オゾン形成動物誕生
11月20日　（5億年前）魚類出現、シダ類（石炭の元になる植物）が繁茂
12月13日　（3億年前）恐竜時代始まる
12月26日　（6500万年前）恐竜絶滅
12月31日
午前10時40分　（700万年前）人類誕生
午後7時15分　（250万年前）石器を使い始める
8時35分　（180万年前）火を使い始める
8時40分　（175万年前）氷河期に入る
11時3分　（50万年前）ネアンデルタール人登場
11時37分　（20万年前）新人類ホモ・サピエンス誕生
11時58分52秒　（1万年前）農耕牧畜始まる
11時59分38秒　（約3000年前）エジプトでピラミッド完成

11時59分42秒（２５００年前）　万里の長城建設
11時59分58秒（２４０年前）　産業革命
11時59分59秒５（70年前）　第２次世界大戦１９３９年
１月１日00分　（現在）　石油問題多発２００９年
　　　00分１秒（１０５年後）　石油枯渇
　　　00分30秒（数千年後）　氷河期で人類滅亡か
１月８日　　　（10万年後）　温暖化で水面が１００メートル上昇する

魚類や植物が出現したのが11月末、恐竜時代が12月13日ごろ、現代人の先祖ネアンデルタール人の出現が11時。農耕牧畜が始まったのが１万年前、即ち11時58分52秒。産業革命が11時59分58秒となる。

なにを言いたいかと言えば、人類が石炭、石油などの地球の化石エネルギーを使い始めたのがたった１秒（１４５年）前だ。さらに１９６０年代ごろ、すなわち0.3秒（５０年）前からは急速に使用量が増え、そして新年１月１日午前０時01秒（１４５年）以内に化石エネルギーを使い切ると言われている。

地球が３６５日かけて蓄えた化石エネルギーを12月31日の11時ごろに登場した知恵をもった人間が、それまで（11時59分59秒まで）は、風や太陽などの自然エネルギーを使っていたはずだが、たった2秒で使い切ってしまうのである。地球が46億年かけてつくり、人類にプレゼントしてくれたエネルギーを、あっという間に消費してしまうのだ。これで、企画コンセプト「地球46億年の贈り物」がさまざまな問題提起のテーマになり得るコンテンツをたくさん含んでいることがおわかりになるだろう。たとえばエネルギーの緊急度、人間の浅はかさ、未来の予測、環境問題、食糧問題、人類の問題など、さまざまな課題が表現できる。

地球カレンダーによれば、やっと新年を迎えた1月1日の午前零時1分以内に氷河期の到来で人類は滅没すると言われている。これからどのように考えればいいのだろうか！すごい余韻とインパクトである。

ところで、TVで放映された「100人の地球村」の話をご覧になった方もあるだろう。いろいろなところでも紹介されているのでご存知の方も多いと思う。この発想力にも衝撃を受けた。同時に感心もした。地球上の人口68億人を100人に圧縮した「100人の地球村」。「46億年の地球カレンダー」と似た切り口だが、人に興味をもち、そして、わかりやすく見てもらうには大変よい方法である。これを見た瞬間も「地球カレンダー」と同じように、加工してイベントや展示のなかに取り込みたいと思った。たとえば、食糧、エネルギー、環境、医療、教育などについてもっと深く突っ込んで見れば、面白い表現演出ができるはずで、感動を与えることもできる。私はこのように面白いデーターをただ感心するだけでなく、常にヒントとしてうまく利用し、何かのメッセージとして使ってみたいと

その村には…
57 人のアジア人
21 人のヨーロッパ人
14 人の南北アメリカ人
8 人のアフリカ人がいます

世界の教科書『100 人の村』（マガジンハウス刊）総集編表紙

スクリーン比較。

考えている。

●大画面映像はデジタル化で未来を開く

日本に初めて大型映像なるものが登場したのが１９７０年の大阪万博である。カナダのアイマックス社が提供した。一般的に大型映像と称するものは、通常の劇場映画館のスクリーンに比べて面積が約10倍の大きさである（フィルムの幅が一般劇場映画館は35㎜、大型画面は70㎜）。高さ６階建のビルに相当するスクリーン（幅25メートル高さ18メートル）である。この映像の迫力には誰もが圧倒させられる。その後、多くの博覧会や常設館にも採用され、国内の常設館ではピーク時、60館が運営していたと言われている。現在では10館を切ったようである。

これを映し出すハードシステムも大規模

だ。上記で述べたように、スクリーンが大きい分、その空間も凄いものになる。また投射装置も巨大なスペース（畳約20畳分）を要する。それを運用する人も特殊な技術を要する。バブル時は競って設置してきたものの、現在、これらの施設に共通の問題が起きている。

通常の一般劇場映画館は、若者カップルが多数利用しているシネマコンプレックス（複数の映画館の同居）などにより復活してきている。またいちばん重要なソフト供給が順調に行なわれている。しかし、大型映像館はさまざまな課題がある。大型画面は臨場感あふれる迫力が売り物である。長い時間見る場合、目が疲れ飽きもくる。せいぜい45分くらいが限界である。臨場感が売り物であればテーマも限定される。自然、科学、宇宙、生物、スポーツなどが多くなる。ストーリーよりも映し出されたシーンに圧倒される素材が中心になるからである。

その迫力は、1度見た人は誰でも、凄い、すばらしい、驚いたと賞賛の声を発する。圧倒される大画面から目に入る臨場感や迫力は、その瞬間は椅子から転げ落ちそうになる。だが、それほどのものでも、数回見ると飽きてしまう。前述したように人はわがままなのである。新ソフトが入荷されても、ソフト内容で魅力を感じる部分は少ない。内容より迫力で感じるのである。その意味では、大型画面は限りなく博覧会向きの施設である。恒久施設にはリピートが必要である。それにはどうしたらよいのか。やはりここでも迫力に加え、飽きない工夫が必要なのである。

大型画面の現在とこれからを要約しておこう。

①〈ソフトの配給と利用費〉

大画面のソフトは簡単につくれるものではない。海外の専門の会社が著名な監督を使い巨額な費用でつくり、世界に配給する。だが、世界的にも大型映像館が減少しており、1館当たりの映像配給費が高騰している。だからといって入場料を高く設定もできないジレンマがある。

②〈設備費とメンテナンス費〉

映像館は建設費も大型である。当然光熱費、メンテナンス費も大きくなる。それ以上に人件費がかかる。フィルムが大きい分、対応するスタッフも専門的技術が必要になる。

③〈入場者の減少〉

何度も言うように、これらの施設はリピート客が命である。入場者の減少がネックになっている。

現在、日本のある映像システム制作メーカーもフィルム系からデジタル化に力を入れてきており、このアイマックス規模のスクリーンに対応できるデジタル投射装置に置き換える日が近づいている。私も最近、試作機を見てきたが、今までのフィルム系の投射室は、20畳くらい必要だったペースが、衣装ロッカー程度のコンパクトな大きさに収まっている。メンテナンスもスイッチのオンオフだけのエンジニア不要の世界になるだろう。そして、ソフトを簡易に国内でつくることができるようになれば、人を集客する力、感動する力がよみがえってくる可能性がある。期待したい。

また、近い将来、３Ｄ（立体）映像が、家庭のＴＶ画面などで手軽に見られるようになることを楽しみにしている。

●演出力は注意力

今まで述べたように展示やイベントの企画の題材、アイデア、素材、ヒントなどは私たちの周辺にいくらでも転がっている。注意力をもって世の中を見ているといくらでも見つかる。毎日の新聞、雑誌、テレビ、電車の中吊り、街歩き、新素材発表会などのなかに、たくさん存在する。また、噂を聞き、よいと思った催し物があったらすぐ足を運ぶといい。このような努力も必要である。そして、これはと思ったアイデアは、切り抜き、メモをしてストックし、使用する機会をうかがう。たまたま訪れた企画に取り入れる機会が見つかった時は、これらをさまざまに工夫・加工し、新鮮な演出、展示手法に生まれ変わらせるのである。そのままでは人々に興味を与えない素材であっても、組み合わせや加工などの工夫によって新鮮な演出ができる。お客さまに見ていただく段階では、あっと驚き、新たな感動を与える作品に仕上がっているというわけである。目的に合わせ、組み合わせ加工する技術もプロデューサーの力である。それが展示やイベントの「テーマ」づくりや「課題解決」に結びついていく。演出力は注意力なのである。

●人は必ず物事に飽きる動物である

どんなすばらしいことでも人間は飽きてしまう。あの時あんなに感動したのに、今、色褪せて見えるということは日々経験する。飽きるのか忘れるのかはわからないが、あらゆることに感動しっぱなしであれば、人間疲れてしまう。そしてよいこと、悪いことが毎日心のなかに蓄積されて、ある日爆発し、狂人になってしまうだろう。

たとえば、すばらしい景色を見て大感動したとする。その感動が2度目までは続いたとしても、3度目になると、そのときめきがほぼ減衰してしまうのが一般的である。慣れてしまうのである。大事なことはその感動の一部が心に残っていて、いい思い出になっていくことである。このようないい加減さが人間のいいところであり、また新しい「感動」に出会うことにつながる。そして、このことが「新鮮さ」「期待」「希望」「夢」として「生きる価値」にもつながっていくのである。

世のなかの大半のブームと言われるものも、だいたい7年から10年で飽きられ、次のブームと交代すると言われる。それを見越して物事を進めることが大事である。たとえば出店競争の激しい都心部の店舗の空間デザイン、レストランのメニュー、また感性に訴えるゲームソフトなどはとくにこの傾向がある。だから、事業として資本を投入する場合は、そのつもりで店内リフォーム費や店舗イメージの改装費を準備してないと失敗するのである。

人は、いつでも新鮮さやリニューアル感を期待する。新しい場に自分を置きたいのである。レストランも老舗の定番メニューは別にして、一般的には新しいニーズを追って研究し、斬新なメニューを提供しなければどんなにおいしくても飽きられてしまう。

また、アミューズメント系の施設ではインパクトが強い物ほど短命である。たとえばジェットコースター的なライド系の乗り物は、ハラハラ、ドキドキの感覚と新鮮さが売り物である。そのため、短期間に交換やリニューアルをしなければならない宿命をもっている。イベントや博覧会などは期間限定で終了するため、リピートを追及するものではないので成り立つが、常設であるテーマパーク、博物館などの文化施設は、リニューアル感や常に話題性の高いイベントによる集客が求められる理由がここにある。

●サービスからホスピタリティへ

たとえば、休みを取って旅行に行く時、人は観光地を見物しつつも、次の喜びや楽しみを、宿泊予定先の旅館やホテルに期待している。また、家族とレストランへ行く時、美容院に行く時、体調が悪くて医者に行く時、清潔で、いい部屋で、おいしい料理で、いいお風呂で、上手な髪のカットで、安心できる治療を受けたいと考えるのは当たり前のことである。

この時、大事なことは、こうした期待をこめて利用するお客さまを受け入れる側の人の対応である。人によるおもてなし精神あふれた対応を「ホスピタリティ」と言うが、お客さまは思ってもいないほどのいいおもてなしを受けてこそ、究極の満足感に到達するのである。

エンターテインメントの極致といわれる東京ディズニーランドでは、キャストと言われる従業員のホスピタリティの評価が高い。演出の面白さとホスピタリティの両方が、最高域であるがゆえに、人気No1、リピート率No1のテーマパークになっているのである。つまり、お客さまを、思いやりによって手厚く対応し、心からおもてなしすることが、サービス業の生き残りにとって欠かせない重要な要素ということである。

受け入れ側はおもてなしの心を徹底して研究し、教育し、自然のふるまいとなるまで訓練し、身につけなければいけない。お客さまはそのふるまいをじっと見て、本物か、偽りかを評価する。わざとらしい、見せかけのおもてなしだったらかえって弊害になる。これを体に染みつくほど身につけるのは容易なことではないが、これからの接客産業には、絶対必要な要素なのである。

私は、最近、旅行を計画して旅館やペンションを選択する時、インターネットの口コミの評価の点数の高いところを選んで決める。ネット上の紹介写真で部屋のイメージや料理は目で見ることができるが、接客・サービスは、お客さまが投票したこの点数が頼りである。私はこの項目を重視して選ぶが、ほとんど期待がはずれたことはない。ホスピタリティは、ほとんどのお客さまに共通する喜びや満足の評価につながっているからである。そして、食事やホスピタリティに満足した宿泊は感動の旅行となり、同時にリピートにもつながる。

すなわち、サービス業の生き残りの大きな要素はホスピタリティなのである。これからの接客業は、先に書いたブランディングと同じように、ホスピタリティを研究し、導入し、実行するところが生き残ることになるのである。最近ではトヨタの高級車レクサスの店などは、この精神をもちこんでいる。

また、イベントや博覧会のパビリオンもホスピタリティが感動の大きな要素になっている。結局お客さまに対応する業種のすべては、このホスピタリティ精神の導入が必要だということである。

これまでは、サービスがいいお店、程度に使われてきたように、接客方法のすべてを、「サービス」という言葉で包括していた。たとえば安くしてもらった、料理をおまけしてもらったとか、である。しかし、もう一段高いサービスがある。それがホスピタリティである。よく対応してくれた、印象がよかった、というように、お客さまの満足度をもうワンランク高めることである。

サービスがホスピタリティにまで達すると、そこまでやってくれるの！　心にくいほど気がつくわね！　など、お客さまがそれまで想定していたレベルを超えた感動領域に達する。ここまでくれば、お客さまはこの店を心から信頼し、リピート客になり、口コミや評判も高まり、繁栄していく。

博覧会やイベントの場においても、ホスピタリティが加われば、すがすがしさ、満足感、ほほえましさが加わり、心から感謝し、心のひだに焼きつき、感動への深度が深まり、記憶に残ることになる。

プロデューサーの仕事

●コンペティションの召集からプレゼンテーションまで

ここでは、大手の広告会社における実践レベルでのイベント・空間開発プロデューサーの役割を述べる。今や広告会社は広告のみならず、得意先のすべての領域のパートナーとして「課題発見」や「課題解決」を実行している。得意先からコンペティション（以下コンペ）の参加を依頼されると、その課題にしたがい、「マスメディア」また「マーケティング」と他の領域とをいかに結びつけるかなど、さまざまな視点から検討し、効果的な企画として進展させていく。マスメディア中心の企画の場合でも、イベントや空間を課題解決の手段の一つとして加味し、総合広告会社のメリットを駆使し提案していく。得意先にとって最も効果的で、的確な提案を目指して知恵を出し、企画して行くのである。

広告会社は「量」「分析力」とも生活者データーという大きな財産をもっている。これらを駆使してまとめあげた企画は単なるアイデアではない。得意先が求める最適な課題解決に理論的裏づけをもった提案となる。

社内で企画を推進するリーダーは、得意先の課題や内容にしたがって、最も的確な部門と担当者を選択する。そして、そこが中心となり他の関連部門、外部関連会社を入れ、企画をまとめる。時間が許す限り合同会議や分科会を重ね、練りに練って企画をつくりプレゼンにのぞみ、これに勝ち抜いた会社が実際の仕事を受注できる。広告会社のすべての仕事がコンペに始まりコンペに終わる。毎日がコンペコンペである。

そして受注後は、その当事者が仕事の実施、制作の実務に関わり、いい作品をつくり世に出して行く。一般の方が実際に目にするマス広告、キャンペーンやイベントの開催は限られた期間で終了するが、店舗やショールームのように長期にわたって運用される場合は、建設業法や警備、人材派遣などの法的な問題にも柔軟に対応し、運営、メンテナンスしていく。そして、企画の具現化によって、得意先および生活者から最高の評価を得ることを目指している。

その前段に当たる企画からプレゼンテーション（以下プレゼン）までは以下のように進行していく。私が在籍していた会社での人生は、企画とプレゼンの日々だったといっても過言ではない。そのなかでの経験を中心にまとめておこう。

得意先から、ある案件に対して企画コンペの参加要請の依頼があるところからすべてがスタートする。この依頼があってこそスタートがきれる。過去の実績や日ごろの営業努力が大事である。そして選別された数社に対し案件のオリエンテーション（以下オリエン）が開催され、それから企画立案作業が開始される。

企画期間は一般的に2週間から1カ月半くらい、規模によりさまざまである。そして、血を吐くような企画作業の期間を経て「プレゼン」の日を迎へ、その企画を得意先にプレゼンする。一般的には数週間後、「勝利か」「負けか」の結果が出る。勝った時の喜びは格別である。またなにが評価されたかを知って目論見どおりだった場合、喜びは一層高まる。負けた時は惨めなものだが、負けた原因分析が次のステップアップにつながる。これが一般的な「オリエン」「企画」「プレゼン」の一連の流れである。

私の企画担当領域は、イベントや、ショールーム、博覧会、ミュージアム、街づくり、都市開発などのソフトからハードまでの幅広い領域である。人が集まる「場」や「仕掛け」をつくり「運営」する業務である。最近、この領域のコンペは、競合他社が「異業種」となる場合が多くなった。たとえば設計事務所、ゼネコン、商社、コンサル会社、展示会社など、今までは協力会社やパートナーであった会社がいまや競合相手である。そのため、異業種各社の専門性、強いところを踏まえ、その上をいく広告会社ならではの総合的な強さ、視点からのプレゼンが必要になる。

私の役割は、30歳くらいまでは、企画の支援サポートだったが、30歳を過ぎて実際の現場に放り出され、気がついたら責任者として独り立ちさせられていた。それまで先輩たちの実際の企画作業やプレゼンの場を注意深く、数多くのぞく機会があったことがいい経験となり、そこで身につけたノウハウをもとに、その後のさまざまな場面に立ち向かうことができた。また、今まで実施したプレゼンの勝率はかなり高かったと自負している。

●プレゼンの原点は「要領よく誠意をもって」

プレゼンという言葉は20〜30年前までは、広告の専門用語だったが、最近は一般社会の慣用語になってきた。さまざまな場面で使われているが、実は社会の大半がこのプレゼンで成り立っている。今後、もっと使われていく用語になっていくだろう。たとえば、一般の会社においても、相手に「ある意図」を説明しようとする場合はすべてプレゼンである。お店で店員から説明を受け商品を買うことになった場合、店員のプレゼンがうまかったと言える。上司に自分の考えを説明し理解してもらえば、プレゼン成功である。

上手なプレゼンをするには、用意周到な事前準備が必要である。それが企画である。プレゼンをする相手に最善の企画を立て、その理解と納得に向け、どのようなプロセスでメリハリ（構成）をつけ説得するか、である。行き当たりばったりはプレゼン「不成功」の最大の要因となる。リハーサルも必要である。よいプレゼンは努力が必要なのである。そう考えると、就職の時の面接は人生最大の「プレゼンの場」ではないだろうか。また自分の伴侶を選ぶ時の告白も同じことではないだろうか。喋りが流暢であることが、プレゼン上手ではない。大事なことは、「要領よく誠意をもって」がプレゼンの原点である。プレゼンが上手な人は、社会生活においても大変得になる。

私たちの日常生活の大半は、プレゼンを行なう立場と受ける立場で成り立っていると言っても過言ではない。得意先からの依頼で、イベントや大きなプロジェクト企画のプレゼンを行なうことと基本的に同じである。違うのはビジネスとして行なうということだろうか。私たちの仕事は、大小はあるが、まずはすべてにおいてプレゼンで勝たなければ仕事の受注につながらない。そして勝つプレゼンのためにはデーターの分析やアイデア、説得力、時には政治力を使うなど、さまざまな要素、テクニックが必要なのである。

●勝てるプレゼンの四つの段階

企画立案し提案する側はプレゼンターと言い、その企画案を受ける側をプレゼンティー（一般的には得意先、発注者）と言う。プレゼン後の負けが決まってから、いくらよい企画やプレゼンだったと言われても、それは慰めでしかない。まずは負けない「企画」や「プレゼン」が大事である。「企画」や「プレゼン」の「ノウハウ本」はたくさん出ているので、本書は私が今まで責任者として経験してきた、大小合わせて200件近くの「企画とプレゼン」をもとに、チェックポイントをまとめてみた。

勝てるプレゼンは、どのようにしたらいいのか。プレゼンまでの四つの段階を順を追って説明していこう。

①コンペ参加の1社に選ばれる→②オリエンテーション→③企画作業→④プレゼン

［1．コンペ参加の1社に選ばれる］

得意先から選考されなければ企画のスタートはできない。したがって、この段階では選ばれるための活動が必要である。

●日ごろのさまざまな営業活動、質の高い仕事の提供などにより、得意先から信頼感が得られる動きができていなければならない。

●コンペの存在を事前に察知する情報収集活動を行なう。（この時点で事前に優秀な企画ブレーンの招集を開始する。優秀なスタッフは忙しいため）。

●コンペに選ばれていないとの前情報を得た場合は、入れていただく営業活動を行なう。

●晴れて選ばれても期待されて選ばれているのか、それとも当て馬、数合わせで選ばれたかの正しい判断をしなければならない（企画作業の力の入れ方、予算のかけ方に影響するため）。

［2．オリエンテーション］

1社に選ばれ、いよいよオリエンテーションの招集がかかる。オリエンテーション（以下オリエン）で他社の出揃った顔触れを見て、自社の置かれている立場を判断する。また、オリエン開始前に、オリエンの課題を見越して企画作業を始める場合もある。情報を収集し、企画内容を想定し作業を開始する（企画の作業期間を少しでも長く確保するため）。
●オリエンに参加し、じっくり話を聞く。
●オリエンの資料を徹底的に読み込む。
●オリエンの場では質問に注意する（競合他社に、余分な情報まで与える可能性がある）。
●競合他社は、どこが選ばれたかをチェックする。予想外の会社がある場合、なぜ選ばれているかを分析する。
●負け戦とわかっている場合の対応もある。時には、上手に負ける企画づくりをする判断も必要である。

［3．企画作業］

オリエンの後、企画づくりをすみやかに開始する。

A．企画作業前のポイント

●優秀な外部協力機関、スタッフを至急召集する必要がある。人の取り合いになる可能性があるため。
●オリエン資料を十分に読み込むことが最初の作業。この資料のなかに得意先の要望事項が含まれている。そして、プレゼン時はこの資料にもとづき採点表がつくられる。
●並行して得意先の立場や裏事情を収集する。

●競合他社のエッジ、売り物が何かを研究する。

●企画にかける費用を決定する。

企画作業に投下する費用の算出も忘れてはならない。企画書に入れる「イラスト」「パース」「サンプル模型」「映像資料づくり」は外注になる。そのため大きな費用が発生する。企画作業側は、あれもこれも入れたいものだが予算枠内に入れるためには取捨選択の決断が大事である。

B. いよいよ企画作業

●オリエン資料の内容がすべて解決されていることは当然。

●明快なコンセプト、洗練されたアイデア、切れ味、利用者の視点などが配慮されていること。

●コンセプト重視かアイデア重視かの判断をする（得意先の中心リーダーの好み、傾向の調査をする）。

●相手に理解される内容か。ひとりよがりになっていないか。空間などのデザインが優れているか。運営の配慮が緻密に練られているか。安心、信頼を与え、予算がわかりやすく明解な内容になっているかなど。

●常設の施設は長期的な視点（陳腐化しないなど）で考えられているか、新鮮か、将来リニューアルしやすいか、法的にはクリアされているか、安全面やメンテナンスなどの配慮はなされているかなど。

●企画書の構成はメリハリができているか、自社のエッジ、特徴は生かされているかなど。
●とくに競合会社に異業種がいる場合（商社、設計事務所、ゼネコン、展示会社など）、差別化を図る。そのため、得意なマーケティング的視点、マスメディア、パブリシティを加味して広告会社の持ち味を出す。
●プレゼン後、企画書は得意先のなかを独り歩きする。他の人たちが読んでも、理解されやすいことも考慮する。

以上が企画立案の大事な要素となる。このように細かい配慮と、幅広いさまざま視点からつくらなければならない。

C．企画コンセプトやアイデアの引き出し方

他社との差別化を意識し、明快なコンセプトや誰もがうなるアイデアを引き出すことが大事である。そのためのコツは、基本的には「ブレーンストーミング」に原点があると私は考えている。それには、まず、企画責任者が考える最適、最強のメンバー、スタッフを選別し、召集できることが絶対である。現実には優秀なスタッフは忙しく、招集をかけても集まりにくい。日ごろからの強力な関係構築もリーダーの役割である。そして、ミーティング前に的確な課題を出し、参加者に事前準備をしてもらうことである。これがミーティングを短時間に効率よく進めるコツである。

また、立場が違うスタッフが集められ、初めての顔合わせのなかで、気兼ねなく発言で

きる環境をつくることもリーダーの役割である。そして、リーダーはスタッフの声に耳をすますことである。ちらっと言ったスタッフの言葉やつぶやきがヒントになり、画期的な企画に育っていく場合が、私の経験では意外と多いからである。これらの枝葉を拾い集め、自分の考え方に肉づけして大木に仕上げていくのである。

すなわち、メンバーの発言のなかの「ちらっ」や「つぶやき」を聞き取ることができるのが企画リーダーの能力と私は考えている。「聞き取り力」が備われば変幻自在の企画力も夢ではない。三人寄れば文殊の知恵である。自分の周辺にいかに優秀なパートナー、ブレーンをもっているかが「できる企画マン」の原点と言える。「人のライブラリー化、ストック化」がすべてである。できる企画マンはクリエーターであると同時に、人の力、知恵を「引き出す能力」に優れていなければならない。

[4．プレゼン]

いよいよ最後の舞台である。

●プレゼンを行なう部屋はどんな大きさか、どんな設備があるかなどの情報を事前に得る。

●プレゼン当日のプレゼンティーは誰か、何人の出席か、キーマンは誰か、時にはキーマンの趣味や好みさえつかんでおきたい。

●先方の評価決定は投票か、話し合いで決定されるのか。たとえばあるショールームのリニューアルのコンペの場合、現場を担当しているアテンダント（コンパニオン）の女性が多く出席し、各人がそれぞれ投票権をもっていた場合、それによって企画書のつくり方、内容、プレゼンの仕方までまったく違ってくる。

●当日のクライアントの机の並び順、どこに責任者が坐るか、主として誰に向けてプレゼンするかを知ることは重要。

●製本した紙の企画書をめくりながら話すか、パソコンでつくったパワーポイントなどをプロジェクターで投影しながら行なうか、または完全にナレーション付きでパッケージ化し、ＤＶＤやパソコンに落とし込んだ映像を流し使うかどうかなど。

●決められたプレゼン時間の有効な配分の検討。

●プレゼンは短時間の勝負である。集中力重視のために、本来はプレゼンターが１人で行なうほうがよいが、分担する場合はスムースなバトンタッチで。

●プレゼンター側の出席者の人数制限なども事前に連絡がある。相手側に与える印象を考えてベストな人数で出席する。

●プレゼンリハーサルは何度やっても多過ぎることはない。多くの関係者に立ち会ってもらい、課題を抽出しておく。

●質問事項を想定し質疑応答集をつくる。ここでの対応のよさが決め手になりやすい。

●質問時間内に質問がない場合、場が白ける。そのためにもこちらから興味ある誘導質問を用意し場を盛りあげる工夫を準備しておく。

以上、気づく点をあげてみた。最近はパソコンを使って、スクリーンにプロジェクター投影をするプレゼンが多くなったが、現地でスクリーンに投射してみたところ、字が読みにくい、部屋が明るすぎるなどといったことがわかったり、ＰＣが不調だったりしたら、その時点でプレゼンは終わりである。つまり負けである。したがって、それら不測の事態を想定し念には念を入れて準備をする。

また、プレゼンに1時間の持ち時間がある場合、ＰＣのセッティング5分、プレゼン40分、質問10分、ＰＣ撤収5分などの時間配分が決められる。イントロ、盛りあがり、最後の締めまで要領よく興味をもって聞いてもらうには、40分のプレゼン時間内にメリハリをつける必要がある。言いたいことが山ほどあるなか、この40分と質問時間10分の内容で勝負が決まる。質問時間も大事な時間である。

［プレゼンのまとめ］

プレゼン終了時点で勝ったか負けたかの、おおよその見当はつく。プレゼン中の相手側の表情、質問内容などで興味をもっていただいたか否かは、だいたい判断できる。だが、最終決定の報告を聞くまで予断は許されない。プレゼンはコンペの最大の決定要素であるが、決定までには得意先側にも事情があり、さまざまな関所があるからである。私は決して上手に喋れるプレゼンターではないが、誠意はもちろん、信頼感を与えるにはどう話せばいいか、短いプレゼン時間をどうメリハリつけたらいいか、どうしたら飽きることなく耳を傾けていただけるかなどを研究し、チャレンジしてきた。

たとえば、企画内容を身近に感じてもらうため、自分の家族は、子どもは、近所のおばさんたちは、同僚はどう思っているかなどの話を織り交ぜたりした。そして、プレゼンのリハーサルをできるだけ多く行ない、たくさんの方々に聞いてもらい、いろいろなことを指摘していただいた。これらはとても重要なことである。

●実施制作作業とプロデューサー

企画、プレゼンはプロデューサーにとって重要な役割である。この作業の結果、コンペで勝利し受注した暁には、次の業務として、この企画を許される時間のなかで具現化することになる。具現化するプロセスではさまざまな作業が控えている。いずれにおいても重要なことは、企画した内容を絵に描いた餅ではなく、質の高いものに具体的につくりあげることである。

予算の範囲でさまざまな工夫をし、納期に間に合わせ、企画時の狙いどおりにお客さまに喜んでいただき評価を得ることである。よい物をつくることは費用もかかり、予算内に収めることとは相反するようだが、実はここがプロデューサーの能力がいちばん発揮できるところでもある。統率力、バランス感覚の大事なところである。

制作作業に要する期間は、通常の展示会では3か月~半年、一般的にモーターショークラスでは半年~1年、博覧会クラスになると2~3年程度と規模により違う。開催期間も数日から半年とさまざまである。超高層ビルの建築工事でも設計から完成まで3年くらいかかるが、博覧会クラスや大型PR館、博物館、科学館のような集客装置になると同等の期間がかかる。なぜならアイデアを具現化するため、実験を繰り返し、最大の効果を出すための試行錯誤の期間が含まれるからである。いわゆる設計試作期間に時間がかかる。運営のアテンダント(コンパニオン)の教育、研修も半年前くらい前から開始する。

基本的には、プロデューサーはこれらの作業にすべて目をとおし、コンセプトから外れたり、ズレてはいないか、質的には大丈夫か、工程は順調か、予算の枠内でおさまっているかなどを常にチェックして万全を期す。また前述したように、プロジェクトの評価基準をつくり、各項目を微細にわたり精査し落とし込み、関係者が事前に共有しておくことが重要になる。

愛知万博クラスの博覧会における大型パビリオンを想定し、総合プロデューサーを中心に、作業がどのように動いて行くのかをおおまかに紹介してみよう。

［作業のプロセス］

▼基本構想

企画・プレゼンをし、コンペに勝利し受注しても、実際のスタートに際しては、得意先からさまざまな指摘や修正の要望がある。それらの取り込みが可能か不可能か、調整や打ち合わせを繰り返した後、基本構想づくりに入る。中途でプレゼン時のコンセプトからズレるような変更要求があった場合は、根本的な問題になるので修正時間もかかる。

基本構想とは、得意先の要望を加え修正した確認書、合意書のようなものである。基本構想では以下の項目の確認、修正などを行なう。

①コンセプトの確認。
②それにもとづいた展示演出の基本的な考え方。
③建築物（パビリオン）の基本的な考え方。
④運営・広報の基本的なあり方。
⑤パビリオンのネーミング。
⑥オープンまでの大まかな諸作業項目を入れた工程表。
⑦概算の予算。

▼基本計画

基本構想を具体化するためにさまざまな条件を加味し、具現化が可能な図書（設計図など）づくりを開始するために必要な諸事項を確認する段階。次の基本設計に入ると実際のデザイン、図面作業の実務は外部の専門会社に発注するため費用が発生する。基本計画はその前の段階であり、無駄な実務作業をしないための確認書になる。

①建物、展示物は建築法、消防法、会場の制約、避難、機能、安全、運営などのさまざまな見地から確認する。外観のデザイン、平面のレイアウト、展示のデザイン、運営、広報のあり方などの見地から課題を引き出し、次の基本設計に向けた図書とする。

②実際の実施協力会社を選別ピックアップし的確な検証をする。

＊実施協力会社とは建築設計、建築（パビリオン）、設備、展示制作、映像制作、ライド制作（乗り物）、アテンダント派遣、運営、広報などの業務を担当する会社を言う。

③運営・広報の今後の大まかな作業内容を作成する。

たとえばお土産ショップをつくるか、オープン前、および開催中のＰＲやイベント活動は、何を、どこで、いつ、どのレベルまでやるかなどを決定する。

④オープンまでの工程一覧表をつくり各業務の関連性を確認する。

＊行事（記者発表、起工式、開館式など）をピックアップし大きな日程にプロットする。

▼基本設計

基本計画書をもとに具体的に図面化、ドローイングしていく段階。法的な制約を落とし込み、制作を前提とし積算が可能な図面に仕上げる。さまざまな専門会社に依頼し、具体的なデザインや図面作業が開始される。

①建築的には構造設計を作成し、建築基準法をクリアし、建築会社が積算できる図面に仕上げる。

②展示的には演出面で実際の効果を最大限に活かす実験を開始。デザイン段階から仕様書、システム図などのへ図面化を進め、積算ができる段階に入る。図面化できないものは仕様書にする。

③運営・広報は、地鎮祭やオープニングなどのイベントや行事を決定。アテンダントの採用条件、募集、面接、研修時期、お土産物店、委託会社の選定。広報は内容をより具体化し、いつ、どこで、誰が、何を、どのようにやるかなどを決める。

④各社からの積算を集計、最終調整に入る。

⑤協力会社各社を選択決定、契約の締結をする。

▼実施設計

この段階は各専門会社に作業を契約、発注し、制作を開始する直前段階にあたる。

①建築会社は詳細な寸法が入った制作図を起こし、材料調達が始まる。

②展示・演出会社は実験を繰り返し、制作可能な確証を得て制作図面を描く段階に入る。特殊な展示演出物はこの段階から模型や実物大の試作品による演出効果を確認する。この段階で関係者の承認を得ておく必要がある。

③運営・広報は、具体的な作業に入り、ホームページ、リーフレット、パンフレットの作成、アテンダントのユニホームデザインなどが始まる。地鎮祭などのイベント招待客のピックアップ、実施の段取り、実施マニュアル作成、お土産の選別と委託先を決定する。

④評価基準項目を策定し、関係者と確認をする。

▼実施制作作業

工場制作や現場作業を開始する。建築と展示工事との調整取り合い、材料や色などの決定事項も多く、運営・広報も実際の交渉、契約作業が多くなる。

①建築は現地作業を開始、工事期間は約1年。

②展示・演出は工場において展示演出品の製作開始。工場での試運転継続。現地据え付け

作業も始まる。ライド（乗り物）などの建築の構造と一体化するものは、建築工事と同時に工事を開始する。純粋な展示物は3ヵ月から半年の現地工事期間を見込む。工場製作物は1年以上前から試作を繰り返し、映像制作も季節を撮影するものは1年以上前から撮影を始める。CG制作、スタジオでの撮影も開始する。

③予算管理は詳細な積算を繰り返し、追加変更内容の増減も把握する。

④運営・広報は具体的な作業段階に入る。アテンダントの募集、面接選別、研修の段階に入る。また広報は、PRのためのキャラバン隊などを組織し全国主要都市でPRイベントを実施。各種イベントの開始、地鎮祭などの招待客への招待状配布。スタッフのユニホーム製作、お土産商品の発注に入る。

▼開館前の研修・リハーサル

①オープン1ヵ月前になると建築工事は終了し、展示工事の最後の演出仕上げ工事と試運転に入る。

②建築・展示の作業完成時は、法的な検査（建築、消防など）、得意先の完成検査、および工事完成の承認を得る。

③運営担当は、アテンダントのリハーサルを連日継続し、確信をもって開会式を迎える準備を続ける。

※万が一の事故を想定したマニュアルと対応のシミュレーションを行ない、訓練を継続する。

▼開催中

開催中はトラブルがないよう万全を期す。とくに安全対策が重要。

①開催中は建築展示の無事故、および故障がないように気配りし、日々のメンテナンスを入念に行ない、記録を残す。
②運営は毎日終了時に反省会と明日の準備を行なう。
③広報の行事、イベント、ＶＩＰの来館が連日続く。
④思いもかけない小さなトラブルは毎日発生する。同じトラブルは繰り返さない。最小限に抑える対策が必要。

▼終了

終了時には、制作物の撤去、原状復帰などを行なう。また図面は竣工図書、運営記録などとしてまとめ、得意先に納品、費用の清算を行なう。そして、前記の評価基準項目の評価を行なう。

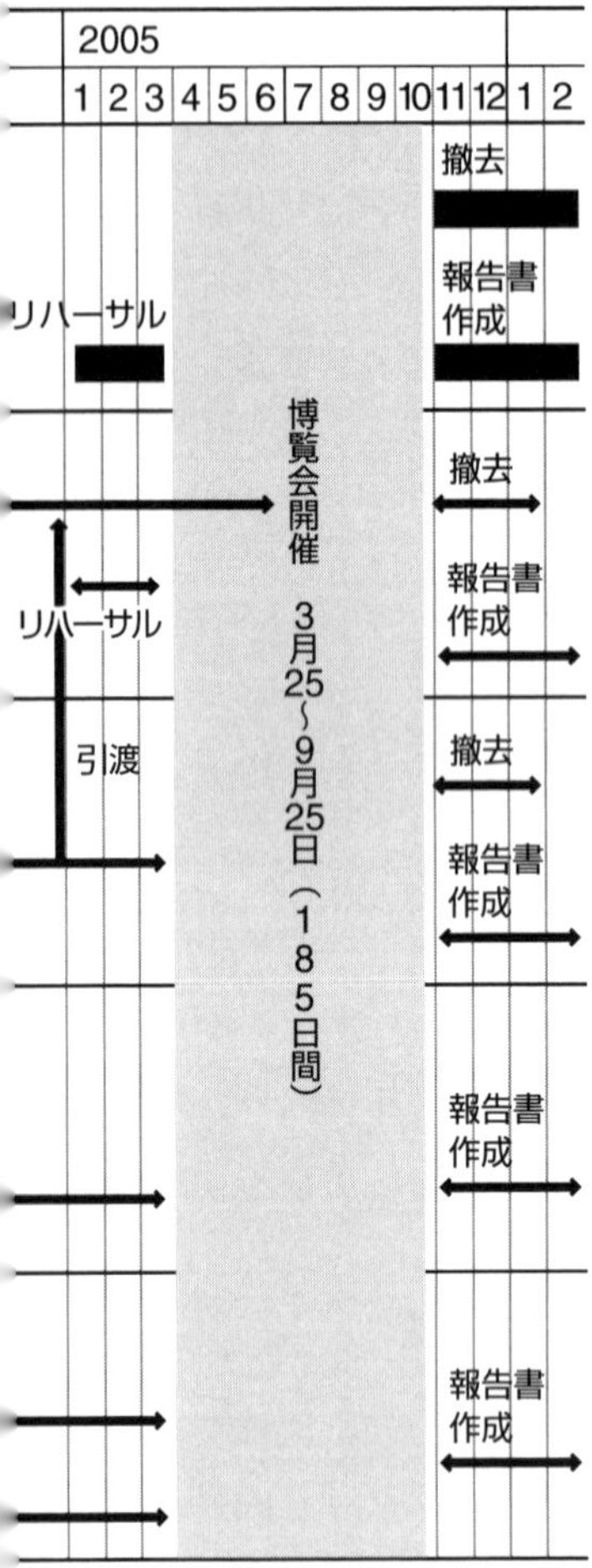

以上のようなさまざまなことが段階的に行なわれるのが作業のプロセスである。節目ごとに成果物となる図書を提出し、常に承認印を受けてから次に進むことが重要である。とくに追加、変更の費用は承認を受けた指示書が後々物を言う。また、無数に発生する事故に、どのように敏速に対処するかもプロジェクトリーダーの役割である。

●工程表（愛知万博　大型パビリオンの例）

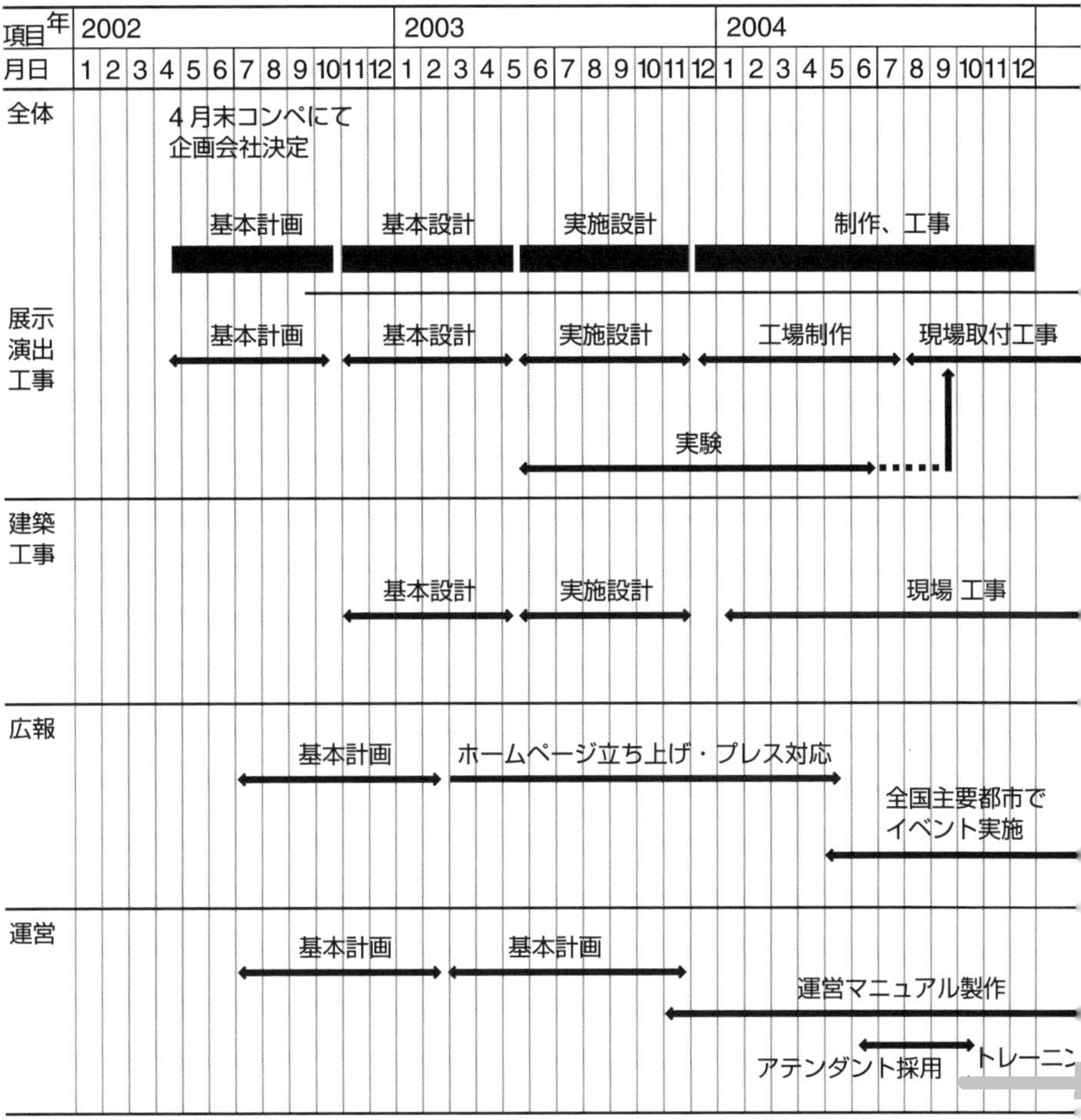

項目
年
月日
2002
2003
2004
1 2 3 4 5 6 7 8 9 10 11 12 1 2 3 4 5 6 7 8 9 10 11 12 1 2 3 4 5 6 7 8 9 10 11 12
全体
4月末コンペにて
企画会社決定
基本計画
基本設計
実施設計
制作、工事
展示
演出
工事
基本計画
基本設計
実施設計
工場制作
現場取付工事
実験
建築
工事
基本設計
実施設計
現場 工事
広報
基本計画
ホームページ立ち上げ・プレス対応
全国主要都市で
イベント実施
運営
基本計画
基本計画
運営マニュアル製作
アテンダント採用
トレーニン

［付記　私が関わった主な作品］

海外博覧会の日本政府館

１９８４年、米国のミシシッピー河下流のルイジアナ州ニューオリンズで半年間開催されたのが「河川博覧会」である。日本政府が実施したこのコンペに勝ち、初めての海外博覧会で「日本政府館（当時の建設省出展）」を担当することになり、当時30代半ばだった私が、その大型展示のプロデューサーをまかされた。私の、それまでの大型業務の経験は、晴海で開催されているモーターショーまでである。海外に乗り込み、４０００平方メートルクラスのパビリオン建築と展示を担当する責任はかなり重いものを感じた記憶がある。

日本で、大まかな建築と展示基本設計ができあがったところで、日本のゼネコン数社に日本館建設の相談に行ったが、けんもほろろに断わられた。当時、日本には、遠い米国の南の地で、リスクのある仕事を引き受けるゼネコンはなかった。

ニューオリンズで途方に暮れていた時、ニューヨーク在住の日本人建築家Y氏を紹介され、道が開けた。そして、地元の建築会社を新聞で公募し、数社からプロポーザルをいただき、一社に絞り込んだ。その社をパートナーとして、建築、展示の実施制作から撤去までを協力していただいた。館内につくった日本庭園などの特殊工事は、日本から連れて行っ

河川博覧会風景（右）と日本政府館外観。

た職人さんに手がけてもらった。展示物は日本でつくり、日本で仮組みをした後、解体梱包し、現地で再度組み立てるノックダウン方式を取り入れた。今考えると綱渡りの仕事だったが、半年間の会期を無事終了することができた。この経験は、その後の私の仕事にとって大きな節目になり、自信にもなった。

その2年後の1986年、カナダ・バンクーバーで「交通博覧会」が開催され、また「日本政府館（当時の建設省・運輸省共同出展）」を受注した。その時も、プロデューサーとして立ち向かい無事役割を終えた。

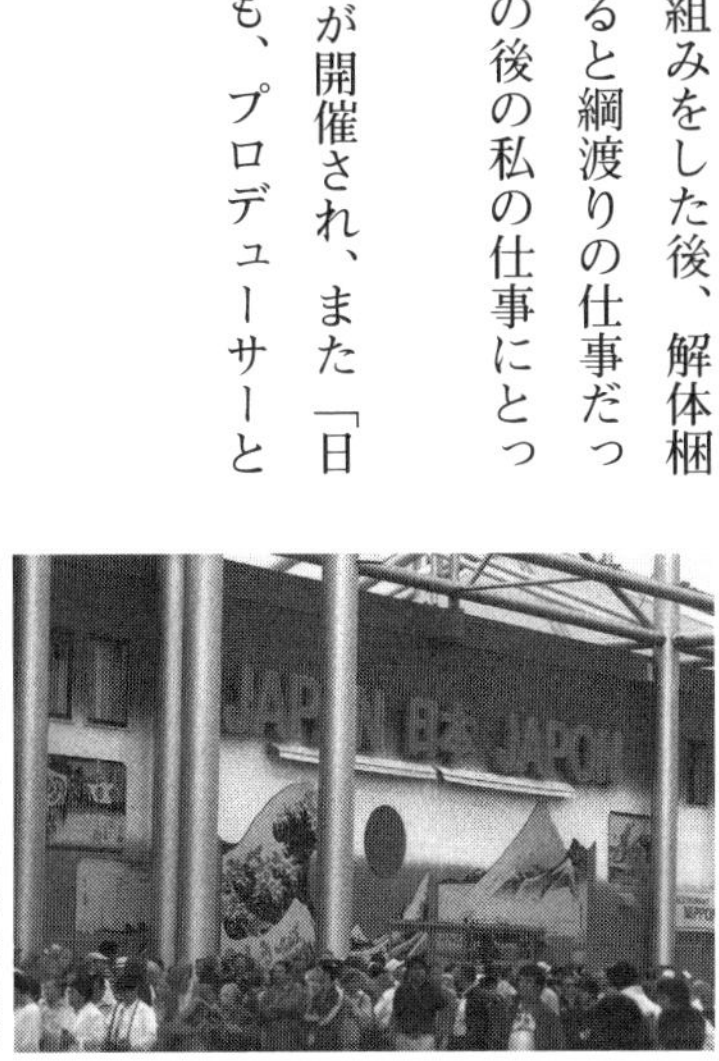
交通博覧会での日本政府館外観。

大井競馬場ナイターの巨大映像装置・競馬イルミネーション

競馬場にもっと女性を動員しようという動きがあった。その一つが大井競馬場のナイター競馬（トゥインクルレース）の開催だった。ナイター照明に浮かびあがった夜の馬場は非常にきれいで、競馬未経験のカップルを動員するには格好のデートスポットだった。そのナイター競馬をさらに引き立たせたのがイルミネーション装飾である。1986年ころから始まったナイター競馬だが、毎年さまざまなイルミネーションが考えられ、ナイター競馬の風物詩となった。私は1990年から3年間イルミネーションを担当し、話題となった巨大イルミネーションスクリーン（横幅200メートル×縦25メートル）をつくりあげた。これは1

メートルのピッチのワイヤーネットの交点に3色のランプ（三原色の赤、緑、青）を取りつけ、それぞれを制御したものだ。当時はLEDがまだなく、20ワットのレフ球を取りつけた。ネットの交点は4000ドットあり1万2000灯をパソコンで制御した。秋葉原で買ってきたランプを使い3メートル四方のネットでサンプルをつくり、ビルの屋外階段でつりさげ実験したことが今でも思いだされる。このシステムで特許も取得した。

藤城清治の世界を博覧会に

『幼少の頃、手に取った絵本に藤城清治の挿し絵がよく載っていた。NHKのテレビ番組でも、ときどき、動く影絵を観ることができた。

そのころは、さして、彼の影絵が好きというわけではなかった。

一昨年、「北九州博覧祭」で、藤城清治の動く影絵を観ることができた。影絵が動いているのだが、裏では、劇団員20人ほどで演じていたのだ。

♪地球　地球～という歌に合わせて、おしまいのほうになって、白いスクリーンが上がり、演じていた劇団員が現れたときには、感動で背筋に寒気すら覚えた。

すべてのパビリオンのなかで、最優秀を取ったのも、無理はないなあ…と思ったものだ。』

話題を呼んだ巨大イルミネーション（右）とその構造。

上記の文章がたまたま開いたインターネットに載っていた。北九州博覧祭の「市民パビリオン」に来館された一般入場者から寄稿されたものである。２００１年の北九州博覧祭は、最近では数少ない地方博覧会の一つだった。１９９３年、長野で開催された信州博覧会の「電力館（中部電力、東京電力、関西電力の共同館）」、１９９７年、鳥取の境港で開催された山陰・夢みなと博の「電力館（中国電力）」、２００１年、北九州市小倉で開催された北九州博覧祭の「市民パビリオン（北九州市）」と、私はいずれのパビリオンでも藤城清治氏の影絵を取りあげた。

藤城清治氏の影絵は多くの美術館やギャラリー、または劇場上演や絵画集でご覧になった方も多いと思う。いずれも、素敵なメルヘンの世界が繰り広げられている。いつ見ても心が洗われる感動の世界である。親子2代、3代のファンも多く、劇場上演の会場では親子連れの微笑ましい姿を目にする。おそらく母親が子どもの時に見た感動を自分の子どもにも伝えたいからなのだろう。

40歳のころ初めて、この影絵の上演を見る機会があった。すばらしいカラフルな色が、裏から投射される無数の照明や動く装置により、動画では絶対に真似のできないロマンティックで、ファンタジーな世界が、スクリーンいっぱいに描き出され繰り広げられる影絵と巡り合った。

見終ってから、スクリーンの裏側を見る機会があった。そこに15～20人くらいの若者がいた。鉢巻をしてランニング姿で汗だらけになりながら、次の上演の準備のため、切り出

来場者を夢の世界へ誘う藤城清治氏の作品。

しのベニヤ板や照明器具の調整をしている。その姿を見た瞬間、この裏方シーンをお客さまに見せようと私は思った。

それまでの藤城作品の上演は、裏からスクリーンに影絵を投影するライブショウである。涙を浮かべながら感動している人もたくさんいた。私はこれを博覧会のパビリオンで上演してみようと思ったのである。地方の博覧会でのパビリオン入場者の90%は、藤城清治氏の名前も影絵の上演も見たことがないはずである。しかし博覧会のお客さま方に感動を与えるには、美しい作品にプラスもう一つが必要である。私はこの作戦に自信があった。問題は先生に了解していただけるかどうかである。

私がイメージしたのは、影絵の上演が終わった直後、まだ拍手が鳴り止まない時を見計らって、おもむろにスクリーンを巻き上げる。すると、舞台裏でベニヤや道具を操っていた汗だくの若者たちが、裏のからくりや道具に埋もれたまま、先ほどまで使っていたベニヤの切り出しを掲げながら、観客席に向かって手を振り挨拶し、フィナーレを迎えるのである。想像しただけで自分の背筋がぞくぞくする光景である。このどんでん返しをお客さまに見せたら、唖然として声が出ない世界を提供できると確信した。そして、この時、パビリオンは大成功すると考えたのである。

先生の説得には時間がかかった。なぜなら、それまでは大きな劇場で大スクリーンに投影し、お客さまに親しまれ、感動を与え、成功を収めていた作品の裏舞台をわざわざ見せましょうと言っても、(君は何を言っているんだ!)と言われて当然である。最初は門前

、藤城清治氏の作品例。

払いだった。しかし「博覧会とは！　そこに来るお客さまとは！」を一生懸命説明し、やっとご理解をいただき、実施に至った。

この演出は目論見どおりみごとに大成功した。見終ったお客さまの表情を見ながら、私はプロデューサーの醍醐味を味わった。仕掛けた私でさえ、見るたびに全身がゾクゾクする「感動の感覚」を感じた。

前述のように、藤城作品の上演は、最初に「信州博」の電力館で企画し、大成功した。そこで最優秀賞であるエキスポ大賞を獲得した。その後の「山陰・夢みなと博」でも電力館のコンペでこの実績をプレゼンテーションし、受注し、同じように大成功した。そこでもまた、エキスポ大賞に輝いた。続いて北九州博覧祭では市民パビリオンで採用していただき、そこでもまたエキスポ大賞と3期連続で最高の栄誉を受賞した。どこでもいつでも感動は不滅なのである。

地域の名所になった川越電力館

三重県の川越町（桑名駅の近く）にあるのが中部電力の「川越電力館」である。既に述べた「地球46億年の贈り物」（175ページ参照）をPR館のコンセプトとして展開した。PR館の外観はまさに巨大な地球になっている。このなかに5フロアーの展示室を展開した。「人と地球の共生と未来」をテーマとし、宇宙から次第に地球に近づきつつ、地球の

川越電力館外観

ことを知るという展示ストーリーにした。そして、地球が46億年かけて蓄えた化石エネルギーを、人類は、地球カレンダーではたったの0.5秒の利用と、その1秒後で使い切ってしまうことを「地球46億年のカレンダー」で劇的に表現したのである。

地球のエネルギー資源が緊急事態に陥っていること、そして、原子力を含めたさまざまなエネルギーの開発や、有効利用の必要性を理解していただきたかったのである。この手法によってむずかしいテーマをわかりやすく表現できたと高い評価を受けた。

このコンセプトでもある地球がそのまま建築の外観として採用され、まさに内外装とも明快にメッセージが伝わるPR館になり、この地域の名所にもなっている。

リビングデザインセンター「オゾン」

リビングデザインセンター「オゾン」は、西新宿の新宿パークタワービルの3〜7階までの5フロアーの大スペース（約1万5000平方メートル）を使った情報館である。快適な暮らしをサポートするさまざまな情報や商品を集約した空間は、まさに居住空間の立体マガジンと呼べる。1994年、同ビルの完成とほぼ同時に東京ガスグループの一社としてオープンした。

私は、この企画のスタートから、コンセプトづくり、具体的な資料の収集、空間づくりなどに関わった。敏感な首都圏生活者との接点の場で、しかも常設の場づくりは大変エキ

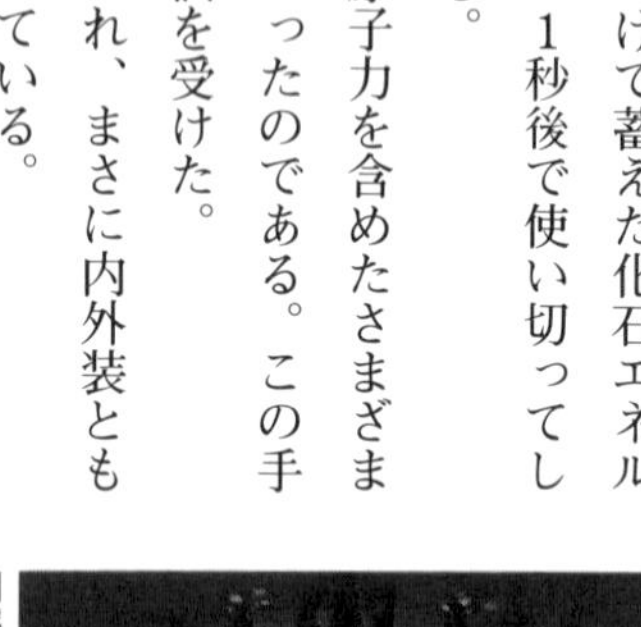

川越電力館内部

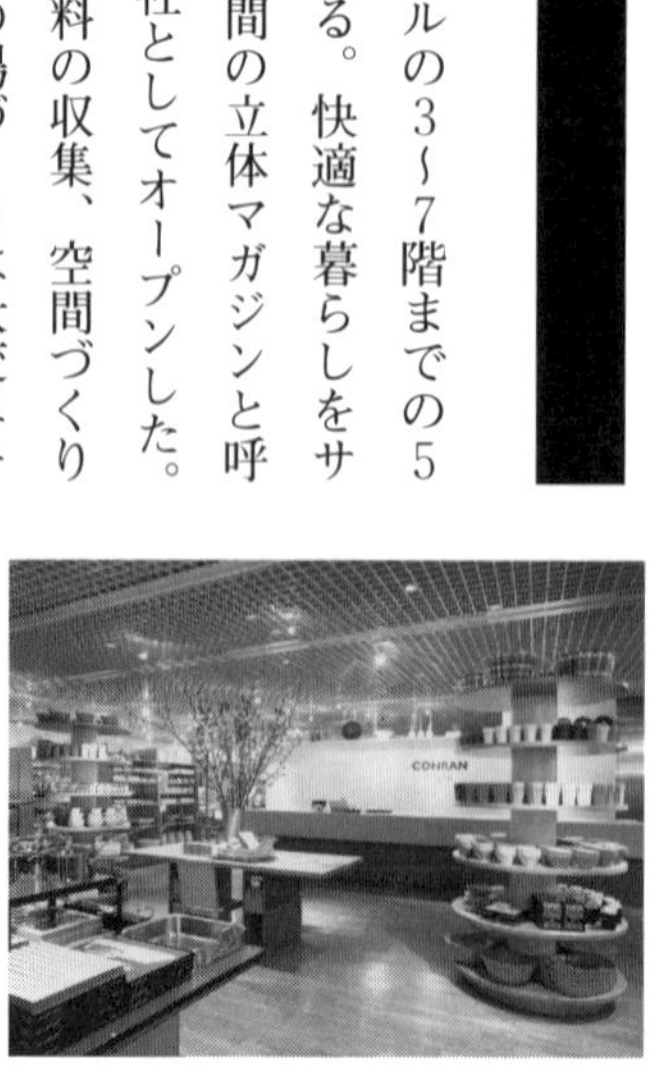

コンランショップ

サイティングな仕事だった。オープン後すでに15年ほど経過しているが、常に新鮮で細かく配慮された最高の運営がなされており、多くの利用者が頼りにしている情報館である。私は、この施設に関われたことを大変な誇りに思っている。

今でもときどき情報収集に行くが、いつ行っても、感度の高い新しい情報でライブ感覚がムンムンしている。住空間に関する主要な企業ショールーム、物販、飲食、情報サービス・コンサルティング、イベントホールなどをもつ多機能複合施設を、首都圏生活者も上手に使いこなしているようだ。

さらに内容を言えば、リビング情報バンクコーナーには住空間の部材、数千社の住メーカーのカタログ、コンピューターによる住シミュレーテーション、住まいのプロとの住コンサルなど、超優良企業のショールーム25ブースが集まっている。インテリア界の巨匠コンランの店「ザ・コンランショップ」には、世界から選りすぐった数千アイテムのリビング商品が並び、生活雑貨から家具まで、洗練されたデザインセンスと高い実用性を備えた品々が並んでいる。

イベントホールでは都市生活者の刺激になるセミナーが年間を通じて多角的に展開され、いつ来てもホットな情報にあふれている。国内はもちろん世界でも例を見ない住情報発信館である。

居住空間の新設、リフォームを考えている首都圏の生活者は今後も永久に続くはずである。その期待にこたえ、オゾンが常に新鮮な情報を送り続けていくのは間違いがない。

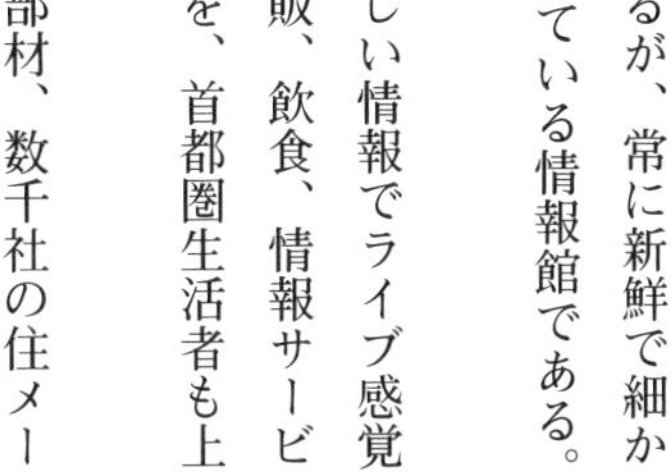
リビング情報バンク

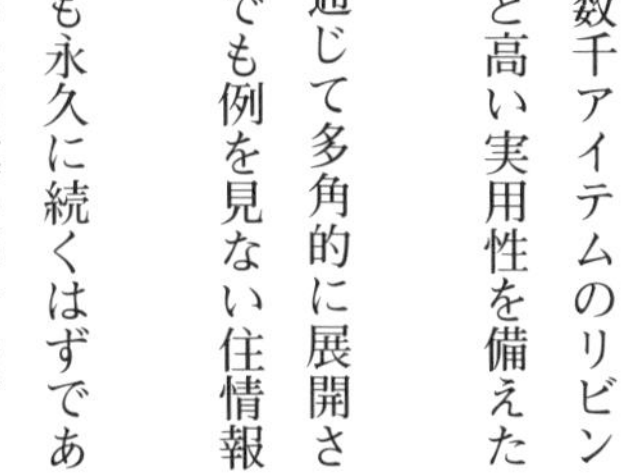
リビング情報バンク

おわりに

長い間広告会社に籍を置き、プロデューサーとしてイベントや空間開発の仕事に関わり、時代や社会の風を読み、マーケティングデーターを分析し、その時代その時、人を動かす最適な「場」をつくり、人の心にアプローチを試み、感動を演出し、メッセージをさりげなく伝達することに専念してきた。

毎日のビジネスや社会生活においても感動が生まれる時がある。感動は、人にとって、人生の喜びであり生きている価値である。人は感動した瞬間、呆然としたなかで無意識のうちに喜びを感じ、心に刻む。その時、人はお互いに信頼し合い、心を通い合わせ、真のコミュニュケーションが生まれる。そして、あらゆる面において最高の価値や効果を生み出す。プライベートな送別会から企業イベント、会社経営、自治体運営、国の舵取りまで、目的達成に向け、大事なことである。

この本で強調していることは、プロデュース感覚が、人の心を動かし、企業を動かし、社会を動かすということである。メッセージの伝達、コミュニケーションの成立にとって重要で必要不可欠な要素だということである。そして、「プロデュース力」によって意図的に感動を創造できる、ということも――。

企業にとっても日々の営業活動、また技術、管理などのすべての部署で、一人ひとりがこのプロデュース感覚をもって行動できるかどうかが、これからの時代を生き抜く重要なポイントでもある。

　また、十数年来、ブランディングが盛んに叫ばれている。当初、私には無関係なことと考えていたが、知れば知るほど、これからを生き抜くキーとなることがわかってきた。今、あらゆる機会をとらえてブランディングの必要性を唱えている。企業のみならず、店舗、学校、病院、また地方自治体、国の運営までブランドがしっかりしていなければこれからの厳しい競争には生き残れない。明確な主張も打ち出せず、いつも不安定で迷走することになる。まさに今、ブランディング時代へ突入である。

　本書では、このプロデューサー感覚とブランディングの必要性、そして、その仕組みをしつこく繰り返して書いた。

　混沌とした今の時代、人の感性に訴え、人を動かすのは「プロデュース力」である。題名に「プロデューサー」や「プロデュース」とついている本は多いが、大半はノウハウ本である。この本の題名である「プロデュースの力」が、人や社会にインパクトを与え、影響力をもつことを書いた本はなかった。

「プロデュース」の言葉が氾濫している現代、さまざまな分野で「プロデューサー」を目指す若者がいる。この本が、自分の将来の道を決める参考に、また、これから厳しさを増す事業経営に「プロデュース感覚」を取り入れる参考になれば幸いである。

　最後に出版にあたって、さまざまな視点でアドバイスいただいた教育評論社の安達氏に深くお礼申し上げます。

二〇〇九年九月一日　　津田憲一記

■参考資料

『イベント戦略の実際』日経文庫　小坂善治郎
『イベントの底力』日経BP企画　平野暁臣、真木勝次
『お客様を感動させる最高の方法』日本経済新聞社　ディズニー・インスティチュート
『なぜ、人は7年で飽きるのか』中経出版　黒川伊保子、岡田耕一
『空間創造楽』電通　泉眞也
『地域を創る夢装置』誠文堂新光書　間仁田幸雄
『巨大市場「エルダー」の誕生』プレジデント社　報堂生活総合研究所、博報堂エルダービジネス推進室
『プレゼンの達人になる技術』中経出版　西等
『地価時代のブランド戦略』NTT出版　信田和宏
『ミュージアムマネージメント』創元社　諸岡博熊
『集客力』PHP研究所　電通集客装置研究会＋電通スペースメディア研究会

■以下の Web サイトから写真を引用しています。

http://www.sss.or.jp/JAPAN_SHOP/08JS/index.htm（p33）
http://ja.wikipedia.arg/wiki/ 小泉純一郎（p49）
http://www.pauch.com/kss/g005.html（p51, 52）
http://ja.wikipedia/org/wiki 徳川家康（p53）
http://www.nasm.si.edu/events/apollo11/（p61）
http://helicopt.ht.infoseek.co.jp/spaceshuttle.html（p61,118）
http://eco.nikkei.co.jp/toya_summit/（p66）
http://local.goo.ne.jp/iwate/leisure/spotlD_TD3000771（p73）
http://www.date-navi.com/theme/tws.html（p73）
http://geocities.jp/mikarin_asobi/meijimura.htm（p73）
http://kobe-mari.maxs.jp/kobe/nougyou.htm（p72）
http://ja.wikipedia.org/wiki/（p76）
http://ja.wikipedia.org/miki. 四国八十八箇所（p76）
http://gnl.cplaza.jp/walking/sikoku.html（p76）
http://www.isesyoyu.co.jp/hpgen/HPB/categories/49440.html（p76）
http://d.hatena.ne.jp/soorce/20080227/pl（p80）
http://jp.expo2010.cm/index.htm（p99）
http://j.peopledaily.com.cn/94475/6617946.html（p99）
http://www.aurora.dti.ne.jp/~ssaton/taitou-imamukasi/hanayasiki.html（p103）
http://www.kahaku.go.jp（p109）
http://www.tnm.go.jp/jp/servlet/Con?pageld=A01&processID=02&event_id=3859（p110）
http://ja.wikipedia.org/wiki（p118）
http://www.ab-road.net/south_america/usa/boston/guide/03503.html（p119）
http://www.kentikusi.com/gallery/kindai/015.htm（p119）
http://www.enit.jp/（p150）
http://miyo.jugem.cc/?eid=1150（p179）
http://w7.plana.or.jp/oldsea/lff1.html（p180）
http://www.kageenomori.jp（p213, 214）

津田憲一（つだ　けんいち）
1947年島根県生まれ。
1969年山梨大学工学部電気工学科卒業。1973年、株式会社博報堂入社。国内外のイベント、展示会、博物館、科学館、博覧会、店舗開発、街づくり、都市開発等の企画、プレゼン、実施制作までを、プロデューサーとして幅広く担当。1996年からスペースデザイン事業局・局長。現在、公立大学法人首都大学東京・産業技術大学院大学客員教授。博覧会に関わる主なプロデュース業務として、海外では1984年米国・ニューオリンズ「河川博覧会日本政府館」、1986年カナダ・バンクーバー「交通博覧会日本政府館」等。国内では1993年信州博、1997年山陰・夢みなと博、2001年北九州博のパビリオンで3期連続エキスポ大賞を受賞。2005年愛知万博では「電力館」等を総合プロデューサーとして担当。中部電力「川越電力館」、東京ガス「リビングデザインセンター・オゾン」等の多数の常設館に関わっている。2010年開催の上海博では国家企業パビリオンの総合企画プロデューサーとして関わる。

プロデュースの力 感動はつくれる、人は動かせる

2009年9月28日　　初版第1刷発行

著　者……津田憲一
発行者……阿部黄瀬
発行所……株式会社教育評論社
〒103-0001 東京都中央区
日本橋小伝馬町2-5　FKビル
TEL.03-3664-5851　　FAX.03-3664-5816
http://www.kyohyo.co.jp
印刷製本…株式会社シナノ

ISBN 978-4-905706-44-1　C0034